Monika Reimann

# Kurzgrammatik Deutsch
Zum Nachschlagen und Üben

A Compact Grammar
for Reference and Practice

English Edition

Hueber

Translated and adapted
by Gerald Williams

Das Werk und seine Teile sind urheberrechtlich geschützt.
Jede Verwertung in anderen als den gesetzlich zugelassenen
Fällen bedarf deshalb der vorherigen schriftlichen
Einwilligung des Verlags.

Hinweis zu § 52a UrhG: Weder das Werk noch seine Teile dürfen ohne
eine solche Einwilligung überspielt, gespeichert und in ein Netzwerk
eingespielt werden. Dies gilt auch für Intranets von Firmen, Schulen
und sonstigen Bildungseinrichtungen.

3. 2. 1. | Die letzten Ziffern
2014 13 12 11 10 | bezeichnen Zahl und Jahr des Druckes.
Alle Drucke dieser Auflage können, da unverändert,
nebeneinander benutzt werden.
1. Auflage
© 2010 Hueber Verlag, 85737 Ismaning, Deutschland
Redaktion: Hans Hillreiner, Hueber Verlag, Ismaning
Covergestaltung: Parzhuber und Partner, München
Fotogestaltung Cover: wentzlaff I pfaff I güldenpfennig
kommunikation gmbh, München
Coverfoto: © getty images / Digital Vision
Zeichnungen: Irmtraud Guhe, München
Layout: Cihan Nawaz / Erwin Schmid, Hueber Verlag, Ismaning
Gestaltung und Satz: Thomas Schack, Ismaning
Druck und Bindung: Ludwig Auer GmbH, Donauwörth
Printed in Germany
ISBN 978–3–19–109569–7

# Contents

| | | |
|---|---|---|
| **1.** | **Verbs** | **7** |
| 1.1 | **Basic verbs** | 8 |
| | 1.1.1  *haben – sein – werden* | 8 |
| | 1.1.2  **Modal verbs** | 11 |
| *Test yourself!* | | 14 |
| | | |
| 1.2 | **Tenses** | 18 |
| | 1.2.1  **Present tense** | 18 |
| | 1.2.2  **Perfect tense** | 19 |
| | 1.2.3  **Past simple or imperfect tense** | 22 |
| | 1.2.4  **Past perfect tense** | 23 |
| | 1.2.5  **Future tenses** | 24 |
| *Test yourself!* | | 26 |
| | | |
| 1.3 | **Reflexive verbs** | 30 |
| 1.4 | **Separable and inseparable verbs** | 33 |
| 1.5 | **Prepositional verbs** | 35 |
| 1.6 | **Infinitives with and without** *zu* | 37 |
| 1.7 | **Imperatives** | 39 |
| *Test yourself!* | | 41 |
| | | |
| 1.8 | **Subjunctive** *(Konjunktiv II)* | 45 |
| 1.9 | **The Passive** | 49 |
| *Test yourself!* | | 52 |
| | | |
| **2.** | **Nouns** | **57** |
| 2.1 | **Gender** | 58 |
| 2.2 | **Plurals** | 60 |
| 2.3 | *n*-**Declension** | 61 |
| 2.4 | **Case** | 62 |
| *Test yourself!* | | 64 |
| | | |
| 2.5 | **Articles** | 67 |
| 2.6 | **Declension of adjectives** | 71 |
| 2.7 | **Comparison** | 73 |
| *Test yourself!* | | 76 |

| | | |
|---|---|---|
| **2.8** | **Pronouns** | 79 |
| | 2.8.1 Personal pronouns | 79 |
| | 2.8.2 Indefinite pronouns | 80 |
| | 2.8.3 Possessive pronouns | 81 |
| | 2.8.4 Interrogative pronouns | 81 |
| | 2.8.5 Other pronouns | 82 |
| **Test yourself!** | | 83 |

| | | |
|---|---|---|
| **3.** | **Prepositions** | **87** |
| **3.1** | **Prepositions of place** | 90 |
| **Test yourself!** | | 98 |
| **3.2** | **Prepositions of time** | 102 |
| **Test yourself!** | | 107 |

| | | |
|---|---|---|
| **4.** | **Sentence formation** | **109** |
| **4.1** | **Questions** | 110 |
| **4.2** | **Main clauses** | 111 |
| **4.3** | **Subordinate clauses** | 114 |
| | 4.3.1 *dass*-clauses | 114 |
| | 4.3.2 Indirect questions | 115 |
| | 4.3.3 Relative clauses | 115 |
| **Test yourself!** | | 120 |
| | 4.3.4 Temporal clauses | 124 |
| | 4.3.5 Causative clauses | 127 |
| | 4.3.6 Conditional clauses | 127 |
| | 4.3.7 Clauses of purpose | 128 |
| | 4.3.8 Concessive clauses | 128 |
| | 4.3.9 Consecutive clauses | 129 |
| | 4.3.10 Subordinate clauses of manner | 130 |
| | 4.3.11 Adversative clauses | 130 |
| **4.4** | **Connecting clauses and sentences** | 131 |
| **Test yourself!** | | 132 |

| | |
|---|---|
| **Appendix** | **135** |
| Verb tables | 135 |
| Prepositional verbs | 142 |
| Answer key | 143 |
| Index | 150 |

# Introduction

Dear Student,

You will find this book an invaluable aid to learning German. It covers all the most important features of German grammar and is ideal for A1 to B1-level students wishing to learn the language or revise and consolidate their previous knowledge.

This *Compact German Grammar* gives you exactly what its title implies: it concentrates on essentials. Simple explanations using key word association to help you recognize differences in usage and a clearly structured design in two colours make reference easy and efficient.

At the end of each topic the "Test yourself!" exercises enable you to check your progress independently and do any additional revision you might need. The more difficult tests (B1 level) are marked with a blue circle ⬤7. .

A detailed answer key and a list of the most important irregular verbs can be found in the Appendix. There you will also find an alphabetical list of the most important words and grammar terms with a reference back to the relevant pages in the main part of the book.

This *Compact Grammar* can be used alongside any of the standard German-as-a-Foreign-Language coursebooks, as supplementary material in class or for self-study at home, as well as to prepare for any exams at the A1, A2 and B1 levels of the *Common European Framework*.

We trust that our choice of compact format, simple explanations, clear design and amusing illustrations will make learning German grammar easy, worthwhile and even enjoyable!

Wishing you every success,

The Author and Publishers

# Abbreviations

| | |
|---|---|
| Nom. | *Nominative* |
| Acc. | *Accusative* |
| Dat. | *Dative* |
| Gen. | *Genitive* |
| Konj. I/II | *Subjunctive* |
| m | *Masculine* |
| f | *Feminine* |
| n | *Neuter* |
| Pl. | *Plural* |
| Sg. | *Singular* |
| MC | *Main clause* |
| SC | *Subordinate clause* |
| s.o. | *someone* |
| sth. | *something* |
| jdm. | *jemandem* |
| jdn. | *jemanden* |

📖 *2.8.1*     Cross reference:
For further information see …

# 1. Verbs

| | | |
|---|---|---:|
| **1.1** | **Basic verbs** | 8 |
| | 1.1.1 *haben – sein – werden* | 8 |
| | 1.1.2 Modal verbs | 11 |
| **Test yourself!** | | 14 |
| **1.2** | **Tenses** | 18 |
| | 1.2.1 Present tense | 18 |
| | 1.2.2 Perfect tense | 19 |
| | 1.2.3 Past simple or imperfect tense | 22 |
| | 1.2.4 Past perfect tense | 23 |
| | 1.2.5 Future tenses | 24 |
| **Test yourself!** | | 26 |
| **1.3** | **Reflexive verbs** | 30 |
| **1.4** | **Separable and inseparable verbs** | 33 |
| **1.5** | **Prepositional verbs** | 35 |
| **1.6** | **Infinitives with and without *zu*** | 37 |
| **1.7** | **Imperatives** | 39 |
| **Test yourself!** | | 41 |
| **1.8** | **Subjunctive *(Konjunktiv II)*** | 45 |
| **1.9** | **The Passive** | 49 |
| **Test yourself!** | | 52 |

## 1.1 Basic verbs

### 1.1.1 *haben – sein – werden*

**Usage**

|  | **Main verb** | **Auxiliary verb** |  |
|---|---|---|---|
| *haben* | ● Hast du auch Durst? | ▲ Nein, ich habe gerade etwas getrunken, danke. | *Perfect tense* |
|  | ● Are you thirsty? | ▲ No, I've just had something to drink, thanks. |  |
| *sein* | ● Wo ist denn Sarah? | ▲ Keine Ahnung. Vielleicht ist sie schon nach Hause gefahren. | *Perfect tense* |
|  | ● Where's Sarah? | ▲ No idea. Maybe she's gone home already. |  |
| *werden* | ● Was möchte Ihre Tochter denn mal werden? |  | *Change* |
|  | ● What does your daughter want to be? |  |  |
| *sein* | ▲ Ihr Traumberuf ist Tierärztin. |  |  |
|  | ▲ Her dream job is to be a vet. |  |  |

|  | **Main verb** | **Auxiliary verb** | |
|---|---|---|---|
| *werden* | ● Puh, jetzt wird es aber kalt!<br>● Ooh, it's getting cold now. | | *Change* |
| *sein* | ▲ Ja, es ist ja auch Winter!<br>▲ Yes, it is winter after all! | Ohne Jacke würde ich auch frieren.<br>Without a jacket I'd be freezing, too. | *Subjunctive* |
| *werden* | | ● Ich werde dir helfen! | *Future* |
| *sein* | ▲ Danke, das ist sehr nett.<br>▲ Thanks, that's very nice of you. | ● I'll help you. | |
| *werden* | | ● Was wird denn hier gebaut?<br>▲ Eine neue Straße, glaube ich.<br>● What are they building here?<br>▲ A new road, I think. | *Passive* |

## Formation

| **Present tense (*Präsens*)** | **haben** | **sein** | **werden** |
|---|---|---|---|
| *ich* | habe | bin | werde |
| *du* | hast | bist | wirst |
| *er/sie/es* | hat | ist | wird |
| *wir* | haben | sind | werden |
| *ihr* | habt | seid | werdet |
| *sie/Sie* | haben | sind | werden |

## 1.1 Basic verbs

| Past simple / Imperfect (Präteritum) | haben | sein | werden |
|---|---|---|---|
| *ich* | hatte | war | wurde |
| *du* | hattest | warst | wurdest |
| *er/sie/es* | hatte | war | wurde |
| *wir* | hatten | waren | wurden |
| *ihr* | hattet | wart | wurdet |
| *sie/Sie* | hatten | waren | wurden |

| Perfect (*Perfekt*) | haben | sein | werden |
|---|---|---|---|
| *ich* | habe ... gehabt* | bin ... gewesen* | ist ... geworden |
| *du* | hast ... | bist ... | bist ... |
| *er/sie/es* | hat ... | ist ... | ist ... |
| *wir* | haben ... | sind ... | sind ... |
| *ihr* | habt ... | seid ... | seid ... |
| *sie/Sie* | haben ... | sind ... | sind ... |

*\* Better style:* hatte/war (= *past simple / imperfect*))

| Past perfect (*Plusquamperfekt*) | haben | sein | werden |
|---|---|---|---|
| *ich* | hatte ... gehabt | war ... gewesen | war ... geworden |
| *du* | hattest ... | warst ... | warst ... |
| *er/sie/es* | hatte ... | war ... | war ... |
| *wir* | hatten ... | waren ... | waren ... |
| *ihr* | hattet ... | wart ... | wart ... |
| *sie/Sie* | hatten ... | waren ... | waren ... |

## 1.1.2 Modal verbs

### Usage

#### *können*

| | |
|---|---|
| **Kann** Ihr Sohn denn schon schwimmen?<br>Can your son swim? | *Ability\** |
| Wo **kann** man hier die Eintrittskarten kaufen?<br>Where can you buy tickets here? | *Possibility* |
| Sie **können** gern an meinem PC arbeiten.<br>You can work on my PC if you like. | *Permission* |
| **Könnten** Sie mir bitte kurz helfen?<br>Could you just help me, please? | *Request* |

\* können *often used without a main verb:* Kannst du Italienisch? Kannst du Judo?

#### *dürfen*

| | |
|---|---|
| **Darf** man hier parken?<br>Are you allowed to park here? | *Permission\** |
| Sie **dürfen** hier nicht rauchen.<br>You're not allowed to smoke here. | *Forbidden\** |
| **Dürfte** ich Sie um einen Gefallen bitten?<br>Could I ask a favour of you? | *Polite request* |

\* (nicht) dürfen = *usually an order from a higher authority → a person (parents, boss ...) or a law that allows or forbids something*

#### *müssen*

| | |
|---|---|
| Sie **müssen** hier bitte noch unterschreiben.<br>You have to sign here, please. | *Duty, requirement, instruction* |
| Ich **muss** am Wochenende für meine Prüfung lernen.<br>I have to study for my exam at the weekend. | *Moral obligation from within* |
| Vielen Dank, aber Sie **brauchen** mir **nicht** *zu* helfen. / Vielen Dank, aber Sie **müssen** mir **nicht** helfen. Das kann ich alleine machen.<br>Many thanks, but you don't need to help me. /<br>Many thanks, but you don't have to help me.<br>I can do it on my own. | nicht müssen =<br>nicht brauchen zu |

## 1.1 Basic verbs

***sollen***

| | |
|---|---|
| Monika hat gesagt, dass wir in Berlin unbedingt ins Historische Museum gehen sollen.<br>Monika said we should definitely go to the History Museum in Berlin. | *Advice, recommendation* |
| Die Ärztin hat gesagt, ich sollte *(Konj. II)* weniger Fleisch essen.<br>The doctor said I should eat less meat. | *Advice, recommendation (polite)* |
| Sie sollen bitte Frau Dr. Berger zurückrufen.<br>Dr. Berger asked you to call her back. | *Request, expectation* |

***wollen***

| | |
|---|---|
| Wir wollen an Silvester nach Lissabon fahren.<br>We're planning to go to Lisbon on New Year's Eve. | *Plan, intention* |

***mögen (Konj.: möcht-)***

| | |
|---|---|
| Ich möchte *(Konj. II)* bitte einen Orangensaft und eine Pizza.<br>I'd like an orange juice and a pizza, please. | *Wish**  |
| Ich möchte *(Konj. II)* im Januar noch einen Deutschkurs machen.<br>I'd like to do a course in German in January.<br>Heute Abend möchte *(Konj. II)* ich mal wieder ins Kino gehen.<br>This evening I'd like to go to the cinema again for once.<br>Gestern wollte* ich nicht ins Kino gehen, weil ich zu müde war.<br>Yesterday I didn't want to go to the cinema because I was too tired. | *Plan, intention*** |
| Ich mag Juliane sehr gern.<br>I like Juliane a lot.<br>Grünen Tee mag ich nicht so gern.<br>I don't like green tea so much. | *As a main verb* |

*\* Past simple / Imperfect (Präteritum) of* möcht- → *formed with* wollen.
*\*\* usually in the subjunctive*

**Basic verbs** 1.1

## Formation

| Present (Präsens) | können | dürfen | müssen | sollen | wollen | möcht- |
|---|---|---|---|---|---|---|
| ich | kann | darf | muss | soll | will | möchte |
| du | kannst | darfst | musst | sollst | willst | möchtest |
| er/sie/es | kann | darf | muss | soll | will | möchte |
| wir | können | dürfen | müssen | sollen | wollen | möchten |
| ihr | könnt | dürft | müsst | sollt | wollt | möchtet |
| sie/Sie | können | dürfen | müssen | sollen | wollen | möchten |

| Past simple / Imperfect (Präteritum) | können | dürfen | müssen | sollen | wollen/ möcht-* | *Ending* |
|---|---|---|---|---|---|---|
| ich | konnte | durfte | musste | sollte | wollte | –e |
| du | konntest | durftest | musstest | solltest | wolltest | –est |
| er/sie/es | konnte | durfte | musste | sollte | wollte | –e |
| wir | konnten | durften | mussten | sollten | wollten | –en |
| ihr | konntet | durftet | musstet | solltet | wolltet | –et |
| sie/Sie | konnten | durften | mussten | sollten | wollten | –en |

*\* In the past simple / imperfect tense the modal verb möcht- uses forms of wollen.*

- The endings of modal verbs in the past simple / imperfect tense *(Präteritum)* are the same as those of regular verbs in the past simple / imperfect 📖 *1.2.3*, as well as in the subjunctive *(Konjunktiv II)* 📖 *1.8*.

- The perfect tense *(Perfekt)* of modal verbs is seldom used. The past simple / imperfect is considered better style:
  *Ich habe um 23 Uhr nach Hause fahren müssen.*
  → better: *Ich musste um 23 Uhr nach Hause fahren.*

- The past perfect tense of modals is not used nowadays.

# Test yourself!

## 1. Meine Freunde
**Fill in the correct present tense forms of *haben*, *sein* and *werden*.**

Das hier _sind_ (1) meine besten Freunde: Susi _____ (2) Musikerin von Beruf und spielt in einer Band Klarinette. Ich finde, sie _____ (3) eine verrückte, aber tolle Frau! Sie _____ (4) eine Menge sehr nette Freunde. Die meisten von ihnen _____ (5) auch Musiker.

Niklas und Martina studieren noch. Niklas _____ (6) Politiker, sagt er. Schauen wir mal. Martina _____ (7) nächstes Jahr mit ihrem Studium fertig. Sie studiert Geschichte und Germanistik und möchte Lehrerin _____ (8). Die beiden _____ (9) eine süße Tochter, die Juliane heißt.

Ja, und dann _____ (10) ich natürlich noch mehr Freunde. Vielleicht hört ihr später noch von ihnen.

## 2. Zu Besuch
**Fill in the correct forms of *haben/sein* or the appropriate *modal verb*.**

1)
- ● Hallo! Schön, dass du da _bist_ ! Komm doch bitte rein.
- ▲ Danke!
- ● Was _____ ich dir anbieten? Tee oder Kaffee?
- ▲ Ich _____ lieber Kaffee. _____ ich dir was helfen?
- ● Nein danke. Es _____ alles vorbereitet.

## Test yourself! T

**2)**
- _____ Sie noch etwas Fisch?
- ▲ Nein, vielen Dank! Ich _____ keinen Hunger mehr. Aber es hat hervorragend geschmeckt.
- _____ ich Ihnen noch etwas zu trinken bringen?
  Wir _____ einen sehr guten Rotwein aus dem Piemont.
  Den _____ Sie probieren!
- ▲ Ja, ein Glas Rotwein trinke ich gerne noch.

**3)**
- Tut uns leid, aber wir _____ jetzt leider gehen. Der letzte Bus fährt um 23.15 Uhr.
- ▲ Das _____ aber schade! Aber vielen Dank für Ihren Besuch.

### 3. *dürfen* oder *können*?
**Cross out the verb that doesn't fit.**

**1)**
- Entschuldigen Sie bitte, aber hier *dürfen*/~~können~~ Sie nicht rauchen. Das ist verboten.
- ▲ Oh, Verzeihung, das wusste ich nicht.

**2)**
- *Darfst/Kannst* du gut Englisch?
- ▲ Na ja, es geht.

**3)**
- Wir *dürfen/können* diese Wohnung nicht nehmen. Sie ist doch viel zu teuer!
- ▲ Ja, da hast du recht.

Verbs

**4)**
- ● Tut mir leid, aber ich *darf/kann* nicht so viel Süßes essen.
- ▲ Aber warum denn?
- ● Ich mache eine Diät.

## 4. *müssen* oder *sollen*?
**Fill in the correct form of the right verb in the present tense *(Präsens)*.**

**1)**
- ● Was, schon sieben Uhr! Dann _____ wir jetzt schnell nach Hause.
- ▲ Warum denn?
- ● Unsere Eltern warten mit dem Abendessen auf uns.

**2)**
- ● Nina, du _____ bitte Johannes zurückrufen. Er hat schon dreimal angerufen.
- ▲ Ja, mach ich.

**3)**
- ● Warum _____ immer ich die Küche aufräumen? Du machst nie etwas!
- ▲ Das stimmt doch gar nicht!

**4)**
- ● Ich gehe jetzt einkaufen. _____ ich Ihnen etwas mitbringen?
- ▲ Ja, ein Sandwich mit Käse bitte.

## 5. Am Samstag
**Cross out the verb that doesn't fit.**

Letzten Samstag ~~musste~~/wollte (1) ich mir einen schönen Tag machen. Aber dann *wurde/wollte* (2) alles anders. Ich *sollte/konnte* (3) nicht ausschlafen, weil mich meine Freundin schon um 9 Uhr angerufen hat. Sie *war/wurde* (4) gerade mit ihrem Mann in der Nähe und sie *sollte/wollte* (5) mit mir frühstücken. Nette Idee, aber warum *konnte/musste* (6) sie denn schon um 9 Uhr anrufen und mich wecken? Also, ich *hatte/konnte* (7) jedenfalls keine Lust schon aufzustehen. Ich glaube, die beiden *wurden/waren* (8) ein bisschen sauer.

Am Mittag bin ich ins Schwimmbad gefahren, weil ich endlich mal wieder schwimmen *wollte/musste* (9). Aber das Schwimmbad *war/hatte* (10) wegen Reparaturarbeiten geschlossen. So ein Pech! „Dann fahre ich eben Rad", dachte ich. Als ich eine Weile gefahren war, *musste/konnte* (11) ich feststellen, dass die Luft in dem hinteren Reifen immer weniger *wurde/wollte* (12). So *musste/konnte* (13) ich nicht mehr weiterfahren und *konnte/musste* (14) das Rad bis nach Hause schieben. Als ich endlich zu Hause *wurde/war* (15), *hatte/war* (16) ich keine Lust mehr, am Abend irgendetwas zu unternehmen. So bin ich den ganzen Abend allein zu Hause geblieben und habe ferngesehen. Das *war/wurde* (17) nun wirklich kein schöner Tag!

## 1.2 Tenses

### 1.2.1 Present tense

#### Usage

- Was macht ihr denn da?
- ▲ Wir kochen.
- Super! Was gibt es denn?
- What are you doing?
- ▲ We're cooking.
- Super! What is it?

*Activity in the present*

---

Berlin ist die größte Stadt Deutschlands.
Berlin is Germany's biggest city.

*General statement of fact*

---

Morgen fahren wir nach Heidelberg.
Nächstes Jahr beginne ich mit meinem Studium.
Tomorrow we're travelling to Heidelberg.
Next year I'll be going to university.

*Future events (with time expression)*

#### Formation

| Regular (weak) verbs | | Ending |
|---|---|---|
| *Infinitive* | fragen | |
| *ich* | frage | – e |
| *du* | fragst | – st |
| *er/sie/es* | fragt | – t |
| *wir* | fragen | – en |
| *ihr* | fragt | – t |
| *sie/Sie* | fragen | – en |

*Exception: verbs that have a stem ending in -t or -d add an extra -e- in some instances: du arbeitest, er arbeitet, ihr arbeitet. The same for: leiden, finden, antworten …*
*Verbs whose stem ends with -s, -ß or -z lose the -s- at the end of the 2nd person singular: du heißt. The same for: sitzen, vergessen …*

Verbs

| Irregular (strong) verbs | **geben** (e→i) | **schlafen** (a→ä) | **sehen** (e→ie) | **vergessen** (e→i) | **wissen** (i→ei) |
|---|---|---|---|---|---|
| *ich* *du* *er/sie/es* ... | gebe gibst gibt ... | schlafe schläfst schläft ... | sehe siehst sieht ... | vergesse vergisst vergisst ... | weiß weißt weiß ... |
| likewise: | nehmen, sprechen | fahren, laufen | lesen, befehlen | essen, messen | |

## 1.2.2 Perfect tense

### Usage

- Was habt ihr denn am Sonntag gemacht?
- Wir sind zu Hause geblieben und haben uns einen gemütlichen Tag im Garten gemacht. Und ihr?
- Wir sind an den See gefahren und lange spazieren gegangen.
- Wir sind gerade wieder zurückgekommen.

*Usually in conversations and dialogues*

- What did you do on Sunday?
- We stayed at home and spent a quiet day in the garden. And you?
- We drove up to the lake and went for a long walk.
- We've just got back again.

## Tenses

### Formation

| *haben* + Past participle | |
|---|---|
| **Ich habe keinen Parkplatz gefunden.**<br>I didn't find anywhere to park. / I haven't found anywhere to park. | *Most verbs* |
| **Wir haben uns noch nicht entschieden.**<br>We haven't decided yet. | *All reflexive verbs* |

| *sein* + Past participle | |
|---|---|
| **Wir sind am Samstag in die Berge gefahren.**<br>We drove up into the mountains on Saturday. | *Intransitive verbs (without the accusative) indicating motion:* gehen, ankommen, abfahren, fliegen ... |
| **Ich bin gerade erst aufgewacht.**<br>I've only just woken up. | *Intransitive verbs (without the accusative) indicating a change in state:* einschlafen, wachsen, werden, aufstehen ... |
| **Gestern Abend bin ich zu Hause geblieben. Meine neue Nachbarin ist bei mir gewesen.**<br>Yesterday evening I stayed at home. My new neighbour was there with me. | bleiben, sein |

## Tenses 1.2

| Past participle | | | | | |
|---|---|---|---|---|---|
| **Regular verbs** | | ge | kauf | t | hat gekauft, hat gemacht, hat gefragt, ... |
| | ein | ge | kauf | t | hat eingekauft, hat zugemacht, hat nachgemacht, ... |
| | | be | zahl | t* | hat verkauft, hat erzählt, hat zerstört, ... |
| | | | studier | t* | hat telefoniert, hat akzeptiert, hat reklamiert, ... |
| **Irregular verbs** | | ge | gang | en | ist gefahren, hat genommen, hat gegessen, ... |
| | ab | ge | fahr | en | ist angekommen, hat angefangen, hat angeboten, ... |
| | | | verglich | en* | hat versprochen, entschieden, hat empfohlen, ... |
| **Mixed verbs** | | ge | dach | t | hat gekannt, hat gebracht, hat gewusst, hat genannt, ... |

*Verbs beginning with* be-, emp-, ent-, er-, ge-, miss-, ver-, zer- *as well as verbs ending in* -ieren *form the past participle without* ge-.

## 1.2 Tenses

### 1.2.3 Past simple or imperfect tense

#### Usage

| | |
|---|---|
| Die Bundeskanzlerin eröffnete die Ausstellung und erklärte ... <br> The Chancellor opened the exhibition and declared ... | *Mostly in written reports and stories* |
| Als wir dann endlich in Travemünde ankamen, wurde es schon dunkel, sodass wir nicht mehr im Meer schwimmen konnten. Deshalb ... <br> When we finally arrived in Travemünde, it was already dark so we could no longer go swimming in the sea. Therefore ... | *Often in factual reports made orally (monologues)* |
| Ich konnte gestern leider nicht kommen, weil ich länger im Büro bleiben musste. <br> Unfortunately I wasn't able to come yesterday because I had to stay longer in the office. | *Always with modal verbs* |
| ● Warum warst du denn nicht auf Susannes Party? <br> ▲ Ich hatte am Samstag leider keine Zeit. <br> ● Why didn't you come to Susanne's party? <br> ▲ I didn't have the time on Saturday, I'm afraid. | *Often with sein, always with haben* |

#### Formation

| | Regular verbs | Ending |
|---|---|---|
| ***Infinitive*** | sagen | |
| ***ich*** | sagte | –t–e |
| ***du*** | sagtest | –t–est |
| ***er/sie/es*** | sagte | –t–e |
| ***wir*** | sagten | –t–en |
| ***ihr*** | sagtet | –t–et |
| ***sie/Sie*** | sagten | –t–en |

*Verbs with a stem ending in* -t *or* -d *add an extra* -e-*:* Ich wartete, du wartetest ... . *The same with:* arbeiten, antworten, landen, ...

## Tenses 1.2

|            | *Irregular verbs* | Ending |
|------------|-------------------|--------|
| *Infinitive* | gehen           |        |
| *ich*      | ging              | –      |
| *du*       | gingst            | – st   |
| *er/sie/es*| ging              | –      |
| *wir*      | gingen            | – en   |
| *ihr*      | gingt             | – t    |
| *sie/Sie*  | gingen            | – en   |

### 1.2.4 Past perfect tense

**Usage**

Nachdem er den Zug verpasst hatte *(A)*, fuhr er ins Hotel zurück und legte sich noch mal ins Bett *(B)*. Denn er hatte in der letzten Nacht nur fünf Stunden geschlafen *(A)* und war immer noch sehr müde. *(B)*

*Action/event A (= past perfect) takes place before action/event B (= past simple / imperfect\*)*

After he had missed the train *(A)*, he drove back to the hotel and went to bed again *(B)*. He had slept *(A)* for only five hours that night and was still very tired *(B)*.

*\* In spoken language the perfect is often used instead of the past simple / imperfect.*

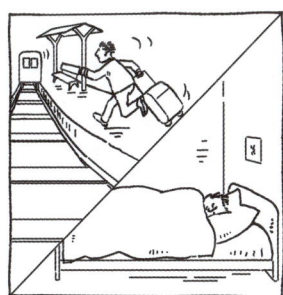

Verbs

## Formation

| Past simple (imperfect) of *haben/sein* + past participle ||||
| --- | --- | --- | --- |
| *ich* <br> *du* <br> *er/sie/es* <br> *wir* <br> *ihr* <br> *sie/Sie* | hatte <br> hattest <br> hatte <br> hatten <br> hattet <br> hatten | gesprochen | *hatte* + past participle |
| *ich* <br> *du* <br> *er/sie/es* <br> *wir* <br> *ihr* <br> *sie/Sie* | war <br> warst <br> war <br> waren <br> wart <br> waren | gefahren | *war* + past participle |

## 1.2.5 Future tenses

### Usage

#### Present for future

- Gehen wir morgen Abend ins Kino?
- Das geht leider nicht. Morgen Abend besuche ich meine Eltern.
- Shall we go to the cinema tomorrow evening?
- I can't I'm afraid. Tomorrow evening I'm going to see my parents.

*Present tense + future time expression*

# Tenses  1.2

**Future I**

- Hier ist meine Adresse.
- Danke! Ich werde dich bestimmt besuchen!   *Promises, intentions, plans*
- Here's my address.
- Thanks. I'll definitely come to visit you.

---

- Wo ist denn Herr Pflüger heute?   *Assumptions*
- Keine Ahnung. Er wird wohl krank sein. Gestern ist es ihm schon nicht gut gegangen.
- Where's Herr Pflüger today?
- No idea. He'll be ill, I expect. He wasn't feeling very well yesterday.

## Formation (Future I)

|  | *werden* + infinitive |  |
|---|---|---|
| *ich* | werde | |
| *du* | wirst | |
| *er/sie/es* | wird | besuchen |
| *wir* | werden | |
| *ihr* | werdet | |
| *sie/Sie* | werden | |

Verbs

# Test yourself!

### 6. Christina und Michael. Zwei Porträts.
**Fill in the correct form of the verbs.**

*lesen • heißen • gehen • essen • haben • fernsehen • sein • bleiben*

1) Das ist Christina.

Sie _ist_ 21 Jahre alt. In ihrer Freizeit _____ sie gern,

am liebsten Romane, und sie _____ oft ins Kino.

Aber sie _____ abends auch gern zu Hause und

_____ _____. Sie _____ einen festen

Freund, der Michael _____. Am Wochenende

gehen sie manchmal in ein italienisches Restaurant,

denn Christina _____ sehr gern Pasta und Pizza.

*aufstehen • fahren • treffen • arbeiten • schlafen*

2) Das ist Michael.

Michael _____ als Ingenieur bei BMW.

In seiner Freizeit _____ er gerne Rad und

im Winter Ski. Am Wochenende _____ er

meistens bis 11 Uhr, weil er während der Woche

immer um 6 Uhr _____. Am Freitagabend und am Samstagabend _____ er sich meistens mit Christina und seinen

Freunden.

## Test yourself! T

### 7. Ruhe und Bewegung
**Which of these verbs express motion and which express a change in state?**
**Perfect tense with *sein* (s) or perfect tense with *haben* (h)? Write in the correct letter.**

- (s) gehen
- (h) bringen
- ( ) aufwachen
- ( ) fliegen
- ( ) vergessen
- ( ) aussteigen
- ( ) anrufen
- ( ) essen
- ( ) einschlafen
- ( ) ankommen
- ( ) sprechen
- ( ) arbeiten
- ( ) wachsen
- ( ) werden
- ( ) fernsehen
- ( ) schlafen
- ( ) lesen
- ( ) laufen
- ( ) gehen
- ( ) trinken
- ( ) fahren

### 8. Eine Postkarte aus dem Urlaub
**Complete the text with the correct form of the perfect tense.**

Liebe Hannah,

viele Grüße aus Lissabon. Gestern Abend _sind_ wir hier _angekommen_ *(ankommen)*. Zuerst _____ *(sein/haben)* wir unser Hotel nicht _____ *(finden)*, weil es in einer sehr kleinen Straße liegt. Aber dann _____ *(sein/haben)* wir nur unser Gepäck im Hotelzimmer _____ *(lassen)* und _____ *(sein/haben)* gleich in ein schönes und typisches Restaurant in der Nähe _____ *(gehen)*. Das _____ *(sein/haben)* uns der Portier des Hotels _____ *(empfehlen)*. Dort _____ *(sein/haben)* wir Fisch _____ *(essen)*. Das Essen _____ *(sein/haben)* wirklich super _____ *(schmecken)*! Alles war so frisch und gut zubereitet!
Danach _____ *(sein/haben)* wir noch ein bisschen durch die Innenstadt _____ *(laufen)* und bald müde ins Bett _____ *(fallen)*.

Heute besichtigen wir die Stadt und morgen fahren wir ans Meer.

Liebe Grüße
Sabrina

Verbs

# T  Test yourself!

## 9. Annas Leben

**a) Complete the text with the correct form of the past simple / imperfect.**

Mit 6 Jahren <u>kam</u> *(kommen)* ich in die Grundschule. Ich _____ *(sein)* eine gute Schülerin und _____ *(haben)* nie Probleme mit den Lehrern. Mit 15 Jahren _____ *(sein)* ich zum ersten Mal mit einem Jungen zusammen, sein Name _____ *(sein)* Max. Er _____ *(werden)* meine erste große Liebe.

Mit 18 Jahren _____ *(bestehen)* ich das Abitur mit Note 1,2. Danach _____ *(bewerben)* ich mich um einen Studienplatz für Zahnmedizin und _____ *(bekommen)* einen Studienplatz in Hamburg. Dort _____ *(finden)* ich bald eine schöne, kleine Wohnung und Max _____ mit mir nach Hamburg _____ *(umziehen)*. Wir _____ *(sein)* sehr glücklich in dieser Zeit.

Mit 26 Jahren _____ *(beginnen)* ich als Zahnärztin in einer Hamburger Klinik zu arbeiten. Zwei Jahre später _____ *(heiraten)* wir. In den folgenden Jahren _____ *(bekommen)* wir drei Kinder. Leider _____ *(streiten)* Max und ich immer häufiger und ...

**How does the story go on? What do you think?**
**b) Complete the sentences with the correct form of the future tense (Future I).**

1) Ich denke, Anna und ihr Mann <u>werden sich wieder versöhnen</u>.
   *sich wieder versöhnen • sich nicht mehr versöhnen*

2) Ich glaube, Anna _____ von Max _____.
   *sich trennen • sich nicht trennen*

3) Meiner Meinung nach _____ Anna und
   Max _____.
   *ihr Leben lang zusammen bleiben • sich irgendwann scheiden lassen*

## Test yourself!

### 10. Bitte antworten Sie!
**Complete the sentences with the correct form of the past perfect tense.**

1)
- Warum konntest du dir nichts zu trinken kaufen?
- Weil ich mein Geld zu Hause vergessen hatte .

  *mein Geld zu Hause vergessen*

2)
- Warum sind Sie auf der Weihnachtsfeier so früh gegangen?
- Weil ich _____ und sofort nach Hause fahren musste.

  *einen Anruf vom Babysitter bekommen*

3)
- Warum hast du bei deinen Nachbarn geschlafen?
- Weil ich _____.

  *meine Wohnungsschlüssel verlieren*

4)
- Warum wollten Sie denn nicht ins Kino mitkommen?
- Weil sie _____.

  *mit ihrer Arbeit nicht fertig werden*

5)
- Warum bist du nicht an dein Handy gegangen?
- Weil ich _____ und ich es deshalb _____.

  *es in meiner Handtasche haben • nicht hören*

6)
- Warum warst du nicht auf Annas Party gestern Abend?
- Weil sie mich _____.

  *nicht einladen*

Verbs

# 1.3 Reflexive verbs

## Usage

- Na, wie war der Urlaub? Habt ihr euch gut erholt?
- ▲ Ja, es war wunderbar!
- So how was your holiday? Were you able to relax and have a good break?
- ▲ Yes, it was wonderful.

*Always reflexive (1)*

---

Julia wäscht sich.
Julia is washing herself.

Julia wäscht ihren Pullover.
Julia is washing her sweater.

*Reflexive and non-reflexive (2)*

---

Johannes liebt Susanne, Susanne liebt Johannes: Susanne und Johannes lieben sich.
Johannes loves Susanne, Susanne loves Johannes: Susanne and Johannes love each other.

*Reciprocal (3)*

---

Johannes streitet nie mit Susanne, Susanne streitet nie mit Johannes:
Johannes und Susanne streiten nie miteinander.
Johannes never quarrels with Susanne, Susanne never quarrels with Johannes:
Johannes and Susanne never quarrel with each other.

*Reciprocal with a preposition (preposition + einander) (4)*

---

*(1) Reflexive verbs:*

sich amüsieren, sich ausruhen, sich aufregen, sich bedanken, sich beeilen, sich beklagen, sich bemühen, sich beschweren, sich bewegen, sich bewerben, sich entschließen, sich erholen, sich erkälten, sich erkundigen, sich ernähren, sich freuen, sich irren, sich konzentrieren, sich kümmern, sich verabreden, sich verhalten, sich verabschieden, sich verlieben, sich wundern ...

*(2) Verbs used both as reflexives and non-reflexives*

sich/etwas ändern, sich/jdn. ärgern, sich/jdn. anmelden, sich/etwas anziehen, sich/etwas fühlen, sich/jdn. vorstellen, sich/etwas/jdn. waschen, sich/etwas kaufen ...

# Reflexive verbs 1.3

**(3) Reciprocal verbs with sich:**

sich anfreunden, sich einigen, sich vertragen ...
*Some reciprocal verbs can also be used transitively:*
sich/jdn. lieben, sich/jdn. begrüßen, sich/jdn. verabschieden ...

**(4) Verbs used reciprocally with -einander:**

miteinander sprechen, sich füreinander interessieren, voneinander hören, ...

## Formation

|          | Accusative | Dative |
|----------|------------|--------|
| *ich*    | mich       | mir    |
| *du*     | dich       | dir    |
| *er/sie/es* | sich    |        |
| *wir*    | uns        |        |
| *ihr*    | euch       |        |
| *sie/Sie* | sich      |        |

- Except for the 3rd person (*sich*), the reflexive pronoun is the same as the personal pronoun. (📖 2.8.1)

- If the verb has just one object, the reflexive pronoun is in the accusative case.
  Ich wasche mich. *(Acc.)*
  I wash myself.

- If the verb already has an accusative object, the reflexive pronoun is in the dative.
  Ich wasche mir die Hände.
          ***Dat.   Acc.***
  I'm washing my hands.
  Du solltest dir diese Entscheidung gut überlegen.
          ***Dat.   Acc.***
  You should think carefully about this decision.

Verbs

## 1.3 Reflexive verbs

| | Word order | |
|---|---|---|
| **Main clauses** | Wir müssen *uns* jetzt wirklich beeilen!<br>Jetzt müssen wir *uns* wirklich beeilen!<br>We really have to hurry now!<br>Now we really have to hurry!! | *After the verb*<br>*After nominative personal pronouns* |
| **Subordinate clauses** | Ich weiß, dass *sich* die Kinder jetzt beeilen müssen.<br>Ich weiß, dass wir *uns* jetzt beeilen müssen.<br>I know that the children have to hurry now.<br>I know that we have to hurry now. | *After the conjunction*<br>*After the nominative personal pronoun* |
| **Infinitive constructions** | Es ist schwierig, *sich* um so viele Leute kümmern zu müssen.<br>It's difficult having to look after so many people. | *Comes first (position 1)* |

## Separable and inseparable verbs    1.4

### Usage

- Wer möchte noch Kuchen?
▲ Ich nehme gern noch ein Stück.
- Who would like some more cake?
▲ I'll have another piece, please.

*Verb without prefix*

---

- Ich nehme Ihr Angebot an.
▲ Das freut mich.
- I accept your offer.
▲ I'm pleased.

*Verb with separable prefix*

---

- Nächstes Jahr übernimmt mein Mann die Firma seines Vaters.
▲ Glückwunsch!
- Next year my husband is taking over his father's firm.
▲ Congratulations!

*Verb with inseparable prefix*

### Formation

| Inseparable | |
|---|---|
| *Prefix* | *Verb* |
| be- | bezahlen |
| emp- | empfehlen |
| ent- | entscheiden |
| er- | erzählen |
| ge- | gefallen |
| miss- | missverstehen |
| ver- | verzeihen |
| zer- | zerstören |

Verbs   33

## 1.4 Separable and inseparable verbs

### Separable

| Prefix | Verb | Prefix | Verb |
|---|---|---|---|
| ab- | abholen | los- | losfahren |
| an- | ankommen | mit- | mitmachen |
| auf- | aufhören | nach- | nachsprechen |
| aus- | ausgehen | vor- | vorstellen |
| bei- | beistehen | weg- | weggehen |
| ein- | einladen | weiter- | weitermachen |
| fest- | feststellen | zu- | zumachen |
| her- | herkommen | zurück- | zurückfahren |
| hin- | hinfallen | zusammen- | zusammenstellen |

- Some prefixes can be both separable and inseparable.

Wir steigen in Stuttgart um. *Concrete meaning: separable*
We change trains in Stuttgart.

Ich überlege mir das bis morgen. *Abstract meaning: inseparable*
I'll think about that till tomorrow.

- The most important verbs for levels A1 to B1:

### Inseparable

| unter- | untersuchen | über- | überlegen |
|---|---|---|---|
| | unterrichten | | übernehmen |
| | unterschreiben | | überreden |
| | unterstützen | | überzeugen |
| | unterscheiden | | überweisen |
| | | | überholen |
| | | | übernachten |
| | | | überraschen |
| | | | übersetzen |

### Separable

| um- | umsteigen |
|---|---|
| | umziehen |
| | umtauschen |

# Prepositional verbs

**1.5**

- There are lots of verbs in German where the use of a preposition is obligatory.
  The preposition determines what case the following noun is in.
  Prepositions taking the dative: *aus, bei, mit, nach, seit, von, zu*
  Prepositions taking the accusative: *durch, für, gegen, ohne, um*

- Some prepositions are changeable and can take either the dative or the accusative case (*in, an, auf, unter, über, vor, hinter, neben, zwischen*). Verbs with these prepositions have to be learnt together with the correct case*.

| | |
|---|---|
| *Nimmst du auch an der Exkursion am Samstag teil?* | (*teilnehmen an* + dative) |
| Are you coming with us on the trip on Saturday? | |

| | |
|---|---|
| *Ich kenne ihn, aber ich erinnere mich nicht an seinen Namen.* | (*sich erinnern an* + accusative) |
| I know him, but I can't remember his name. | |

*Most verbs with changeable prepositions take the accusative case. 📖 List on page 119.

## Usage

- Hallo Martina! Auf wen wartest du denn?
- Auf Susanne. Wir wollen uns den neuen James-Bond-Film anschauen und ich warte schon seit 20 Minuten auf sie.
- Hello, Martina. Who are you waiting for?
- Susanne. We're going to see the new James Bond film and I've been waiting for her now for 20 minutes.

*Preposition + noun/pronoun*

Verbs

## 1.5 Prepositional verbs

- Worüber ärgerst du dich denn so?
- Über meine schlechte Note im Test.
- An deiner Stelle würde mich nicht darüber ärgern! Das war doch kein wichtiger Test.
- What are you so annoyed about?
- My bad marks in the test.
- I wouldn't get annoyed about it if I were you. It wasn't a very important test.

*Thing/object/topic:*
wo(r)- *+ preposition*
da(r)- *+ preposition*

---

Vielen Dank für Ihren Besuch und Ihr Geschenk! Ich habe mich sehr darüber gefreut!

Many thanks for coming to see me and for your present. I was ever so pleased with it!

Nächste Woche fahre ich nach Prag. Ich freue mich schon sehr darauf.

Next week I'm going to Prague.
I'm looking forward to it very much.

Reference to preceding sentence:
da(r)- *+ preposition*

---

Ich freue mich schon so darauf, dass meine Schwester nächste Woche kommt. Ich habe sie so lange nicht gesehen.

I'm so looking forward to my sister coming next week. I haven't seen her for so long.

*Reference to following subordinate clause:*
da(r)- *+ preposition*

# Infinitives with and without *zu* 1.6

- If the subject of both main clause and *dass*-clause are the same, it is usually better style to use an infinitive construction rather than a *dass*-clause.
  *Ich hoffe, dass ich ihn bald wieder sehe.*
  → *Ich hoffe, ihn bald wieder zu sehen.*
    I hope I'll see him again soon.

## Usage

| Infinitive without *zu* | |
| --- | --- |
| Ich werde dich bestimmt besuchen!<br>I'll definitely come and see you! | *Future I* |
| Ich würde jetzt gern Tennis spielen.<br>I'd like to play tennis now. | *Subjunctive (Konjunktiv II)* |
| Ich möchte jetzt nichts essen.<br>I don't want anything to eat now. | *With modal verbs* |
| Ich lasse mir die Haare schneiden.<br>Ich höre/sehe ihn kommen.<br>Bleiben Sie doch bitte sitzen!<br>Wir gehen jetzt einkaufen.<br>Ich helfe dir putzen.<br>Er lernt hoffentlich bald schwimmen.<br>I'm having a haircut.<br>I can hear/see him coming.<br>Please remain seated!<br>We're going shopping now.<br>I'll help you clean up.<br>Let's hope he soon learns to swim. | *With:* lassen, hören, sehen, bleiben, gehen, helfen, lernen ... |
| Türen bitte schließen!<br>Bitte hier nicht rauchen!<br>Close the door, please!<br>Please don't smoke in here! | *Demand/request* |

## 1.6 Infinitives with and without *zu*

### Infinitive with *zu*

| | |
|---|---|
| Ich habe Angst, nachts allein durch den Park zu gehen.<br>I'm afraid to go alone through the park at night. | *Noun + haben (Angst/Zeit/ Lust haben)* |
| Es ist wichtig, sich gesund zu ernähren.<br>Es ist verboten, hier zu rauchen.<br>It's important to eat healthy food.<br>It's forbidden to smoke here. | *Es ist … (+ adjective / past participle)* |

# Imperatives 1.7

## Usage

| | |
|---|---|
| **Beeil** dich bitte! Das Konzert beginnt in einer Stunde.<br>Please hurry up! The concert begins in an hour. | *Demand/<br>request* |
| **Legen** Sie die Schlüssel bitte dorthin.<br>Put the keys down there, please. | *Request* |
| **Geht** schneller!<br>Walk faster! | *Order* |

## Formation

**Regular**

| | Present tense | Imperative |
|---|---|---|
| **du** | (du) geh(st) | Geh! |
| **ihr** | (ihr) geht | Geht! |
| **Sie/sie** | sie/Sie gehen | Gehen Sie! |

## 1.7 Imperatives

| **Irregular** | | | | |
|---|---|---|---|---|
| | *du* | *ihr* | *Sie* | |
| *haben* | Hab Geduld! Be patient! | Habt Geduld! | Haben Sie Geduld! | |
| *sein* | Sei zufrieden! Be content! | Seid zufrieden! | Seien Sie zufrieden! | |
| *werden* | Werd(e) glücklich! Be happy! | Werdet glücklich! | Werden Sie glücklich! | |
| *essen* | Iss langsamer! Don't eat so fast! | Esst langsamer! | Essen Sie langsamer! | |
| *laufen (du läufst)* | Lauf schneller! Run faster! | Lauft schneller! | Laufen Sie schneller! | *Verbs with an umlaut ä in the 2nd and 3rd person singular* |
| *klingeln* | Klingle zweimal! Ring twice! | Klingelt zweimal! | Klingeln Sie zweimal! | *Verbs ending in -eln, -ern* |

# Test yourself!

## 11. Was man den Tag über alles macht.
**Write complete sentences using the correct reflexive pronouns.**

1) <u>Wäschst du dir jeden Morgen die Haare</u>?
   *jeden Morgen • waschen • die Haare • du*

2) _____.
   *er • oft • ärgern • über seine Arbeitskollegen*

3) _____.
   *anziehen • eine Jacke • ich • noch*

4) _____.
   *müssen • du • beeilen*

5) _____.
   *unterhalten • wir • in der Pause*

6) _____.
   *am Abend • sie (Pl.) • ansehen • oft • einen Film auf DVD*


## 12. Trennbar oder untrennbar?
**Sort these verbs into two columns.**

*abfahren • entscheiden • weglaufen • herkommen • erzählen
missverstehen • aufstehen • gefallen • einladen • abstellen
zuschließen • vermuten • zerstören • weitergehen • mitspielen
begrüßen • empfehlen • zurückfahren • ankommen*

| Separable | Inseparable |
|---|---|
| *Sie/Er ...* | *Sie/Er ...* |
| <u>fährt ab</u> | |
| | |
| | |
| | |
| | |
| | |
| | |
| | |
| | |

Verbs

# T — Test yourself!

## 13. Mutter und Sohn
**Separable or inseparable prefix?**
**Write the sentences.**

1) <u>Räum bitte dein Zimmer auf!</u>
   *Zimmer aufräumen*

2) _____!
   *Oma anrufen*

3) _____!
   *die Englisch-Vokabeln wiederholen*

4) _____!
   *nicht tagsüber fernsehen*

5) _____!
   *das Paket von der Post abholen*

6) _____!
   *deine Handyrechnung bezahlen*

7) _____!
   *Getränke einkaufen*

## 14. Im Sprachkurs
**Cross out the wrong form.**

1) Kostas aus Griechenland interessiert sich sehr ~~*in*~~ / *für* Sport.
2) Carolina aus Kolumbien kann sich nicht *an* / *für* die Kälte im Winter gewöhnen.
3) Alexej aus Russland nimmt *an* / *bei* einem Phonetikkurs teil.
4) Maite aus Spanien spricht ständig *bei* / *mit* ihrer Nachbarin.
5) Lars aus Schweden beschwert sich oft *für* / *über* zu viele Hausaufgaben.
6) Massimo aus Italien ärgert sich oft *von* / *über* die langsamen Autofahrer.
7) Cathy aus England bemüht sich sehr *für* / *um* eine gute Aussprache.
8) Minako aus Japan denkt immer *an* / *von* ihre Familie und träumt *von* / *über* ihrem geliebten japanischen Essen.

Verbs

## 15. Eine E-Mail aus Österreich

**Complete the text with either *da(r)* + preposition or *wo(r)* + preposition.**

Liebe Ariane,

nun bin ich seit vier Wochen in Wien und möchte Dir ein bisschen _darüber_ erzählen, wie es mir hier geht.

Die Stadt ist wunderschön und die Leute sehr freundlich. Meine Kollegen im Hotel sind auch sehr nett. Eine Kollegin, Antonia, hat mich _____ ihrer Geburtstagsparty nächsten Samstag eingeladen. _____ freue ich mich schon sehr, denn sie ist sehr lustig. Und ich hoffe, dass ihre Freunde auch so lustig sind.

Weißt du, manchmal wundere ich mich schon ein bisschen _____ die Österreicher: Einige sind sehr fröhlich und kommunikativ, aber manche sind sehr ernst und melancholisch. _____ habe ich mich auch schon mit Susana unterhalten. Habe ich Dir schon _____ Susana erzählt? Sie ist die andere brasilianische Praktikantin im Hotel. Wir verbringen viel Zeit miteinander. Sie ist super!

Am Anfang konnte ich mich nur schwer _____ gewöhnen, dass man hier mittags schon um ca. 12.30 Uhr und abends spätestens um 19 Uhr isst. Überhaupt ist das Essen ganz anders als in Brasilien. Aber ich will mich nicht _____ beklagen, denn ich bin froh, dass ich hier im Hotel kostenlos essen kann.

Wie Du siehst, ist bei mir alles in Ordnung. Wie geht es Dir und Deiner Familie? Ich denke so oft _____ Dich! Bitte schreib mir bald. Ich freue mich sehr _____ jeden Brief und jede E-Mail.

Herzliche Grüße
Cristina

## T — Test yourself!

**16. Infinitiv mit *zu* oder ohne *zu*?**
**Complete the sentences with *zu* – but only if necessary.**

1) Ich freue mich sehr darauf, meine Freundin nach so langer Zeit wieder _zu_ sehen!

2) Ich gehe nicht gern allein _____ schwimmen. Kommst du mit?

3) Würden Sie bitte etwas leiser _____ sprechen? Meine Tochter schläft.

4) Wann soll ich denn _____ kommen?

5) Hör bitte auf, den Dummen _____ spielen! Du verstehst genau, was ich meine!

6) Nina hat mich gebeten, dir beim Aufräumen _____ helfen.

7) Was tut denn so weh? Lass mich mal _____ sehen.

8) Hast du Lust, mit mir heute Abend ins Kino _____ gehen?

9) Es ist wichtig, sich gesund _____ ernähren.

10) Am Samstag gehen wir _____ tanzen! Komm doch mit!

# Subjunctive *(Konjunktiv II)* 1.8

**Usage**

- Würden Sie mir bitte noch ein großes Mineralwasser bringen?
- ▲ Ja natürlich. Möchten Sie auch noch etwas?
- ■ Ja, ich hätte gern noch ein Bier.
- Would you bring me another large mineral water, please?
- ▲ Yes, of course. Would you like anything else, too?
- ■ Yes, I'd like another beer.

*Being polite*

Wenn ich reich wäre, würde ich mir auch so ein Cabrio kaufen.
If I were rich, I'd buy myself a convertible like that.

*An unrealistic/ hypothetical idea → Konjunktiv II subjunctive*

Wenn ich 18 Jahre alt bin, dann mache ich auch gleich den Führerschein!
When I'm 18, I'll take my driving test immediately.

*A real or realistic idea → Indicative*

Verbs

## 1.8 Subjunctive *(Konjunktiv II)*

Wenn ich doch auch im Garten liegen könnte!
Wenn ich doch langsamer gefahren wäre!
Wäre ich doch langsamer gefahren!

*An unrealistic/ hypothetical wish*

If only I could lie out in the garden!
If only I hadn't been driving so fast!

- Wir könnten doch noch einen Kaffee trinken? Was meinst du?
- Hm, an deiner Stelle würde ich nicht so viel Kaffee trinken, das ist nicht gesund.

*Suggestion/advice*

- We could have another coffee, couldn't we? What do you think?
- Hm, I wouldn't drink so much coffee if I were you. It's not healthy.

Sie sollten weniger essen und mehr Sport treiben.
You should eat less and do more sport.

Es sieht so aus, als ob es bald regnen würde.
It looks as though it might rain soon.

*In comparisons with als ob ... \**

\* *Often used after personal impressions/feelings:* Es scheint, als ob ... / Ich fühle mich, als ob ... / Ich habe den Eindruck, als ob ... / Er tut so, als ob ...

# Subjunctive (Konjunktiv II) 1.8

## Formation

- There are two forms of the *Konjunktiv II* subjunctive in German: the present and the past. The *Konjunktiv II* subjunctive in its present sense is formed with *würde* + infinitive:
  Ich *würde* jetzt gern nach Hause *fahren*.
  I'd like to go home now.

- The *Konjunktiv II* subjunctive form is used with *haben/sein* and *modal verbs*:
  Ich *hätte* gern mehr Freizeit!
  Ich *wäre* jetzt gern am Meer!
  Ich *müsste* jetzt eigentlich *arbeiten*.
  I'd like more free time!
  I wish I was at the seaside now!
  I really ought to be working now.

### The present *Konjunktiv II* subjunctive of *haben/sein*

|  | haben | sein | werden | K-II-subjunctive ending |
|---|---|---|---|---|
| *ich* | hätte | wäre | würde | –e |
| *du* | hättest | wär(e)st | würdest | –est |
| *er/sie/es* | hätte | wäre | würde | –e |
| *wir* | hätten | wären | würden | –en |
| *ihr* | hättet | wär(e)t | würdet | –et |
| *sie/Sie* | hätten | wären | würden | –en |

### The present *Konjunktiv II* subjunctive of modal verbs

|  | mögen | können | dürfen | K-II-subjunctive ending |
|---|---|---|---|---|
| *ich* | möchte | könnte | dürfte | –e |
| *du* | möchtest | könntest | dürftest | –est |
| *er/sie/es* | möchte | könnte | dürfte | –e |
| *wir* | möchten | könnten | dürften | –en |
| *ihr* | möchtet | könntet | dürftet | –et |
| *sie/Sie* | möchten | könnten | dürften | –en |

Verbs

## 1.8 Subjunctive (Konjunktiv II)

### The present Konjunktiv II subjunctive of modal verbs

|  | müssen | wollen* | sollen* | K-II-subjunctive ending |
|---|---|---|---|---|
| *ich* | müsste | wollte | sollte | –e |
| *du* | müsstest | wolltest | solltest | –est |
| *er/sie/es* | müsste | wollte | sollte | –e |
| *wir* | müssten | wollten | sollten | –en |
| *ihr* | müsstet | wolltet | solltet | –et |
| *sie/Sie* | müssten | wollten | sollten | –en |

\* wollen *and* sollen *don't have an umlaut in the K-II-subjunctive form.*

- The *Konjunktiv II* subjunctive in its past sense is formed with *hätte/wäre* and the past participle.

### The past Konjunktiv II subjunctive

| | |
|---|---|
| Ich wäre auch gern mitgekommen. *I would have liked to come with you.* | wäre + *past participle* |
| Das hätte ich auch gern gemacht. *I would have liked to do that.* | hätte + *past participle* |
| Du hättest mich ja fragen können. *You could have asked me.* | *With modal verbs:* hätte + *infinitive + infinitive* |

- For all three past tense forms in the indicative, there is just one past tense form of the *Konjunktiv II* subjunctive.

| Past | *Indicative* | *Konjunktiv II subjunctive* |
|---|---|---|
| **Past simple / Imperfect** | er kam | |
| **Perfect** | er ist ... gekommen | er wäre ... gekommen |
| **Past perfect** | er war ... gekommen | |
| **Past simple / Imperfect** | er aß | |
| **Perfect** | er hat ... gegessen | er hätte ... gegessen |
| **Past perfect** | er hatte ... gegessen | |

# The Passive 1.9

## Usage

### Active
Der Geschäftsführer schließt die Tür ab.
The managing director is locking the door.

*The person performing the action (the agent) is important.*

### Passive
Die Bibliothek wird um 20 Uhr geschlossen.
The library will be closed at 8 o'clock.

Euer Zimmer muss mal wieder aufgeräumt werden.
Your room needs to tidied up again.

Hier wurden in den letzten Jahren viele neue Häuser gebaut.
In the last few years a lot of new houses were built here.

*It's not the person performing the action that is important, but the action itself or the result of the action.*

---

Ich wurde leider nicht rechtzeitig informiert.
Unfortunately I wasn't informed in time.

*You'd rather not mention the person performing the action.*

---

Es wurde dem Patienten schnell geholfen.
Dem Patienten wurde schnell geholfen.
Help was quickly given to the patient.

*In a passive sentence es comes at the beginning in position 1 – or it is omitted completely. In the latter case, the passive sentence has no subject.*

Verbs

## 1.9 The Passive

- A passive sentence can also mention the person or thing performing the action, but it is the action that remains the most important element nevertheless.

| | |
|---|---|
| Die Frau wurde von einem Auto angefahren. | von: *direct person/ cause* |
| The woman was hit by a car. | |

| | |
|---|---|
| Der Patient wurde durch eine Operation gerettet. | durch: *indirect person/ cause* |
| The patient was saved by an operation. | |

### Formation

- The passive is formed with *werden* + past participle.

**The passive with *werden* + past participle**

| | | | | |
|---|---|---|---|---|
| *Present* | | wird * | um 20 Uhr | geschlossen. |
| *Past simple / Imperfect* | | wurde * | gestern um 19 Uhr | geschlossen. |
| *Perfect* | Die Bibliothek | ist | | geschlossen worden. |
| *Past perfect* | | war | | geschlossen worden. |
| *Future I* | | wird * | morgen wieder um 20 Uhr | geschlossen werden. |

\* *Forms of* werden 📖 1.1.1

**The passive with modal verbs**

| | | | | |
|---|---|---|---|---|
| *Present* | Das Zimmer | muss | noch | aufgeräumt werden. |
| *Past simple / Imperfect* | | musste | noch | aufgeräumt werden. |

*The perfect and past perfect tenses are rarely used in the passive.*

## The Passive  1.9

### The passive in subordinate clauses

| | | |
|---|---|---|
| *Present* | | geschlossen wird. |
| *Imperfect* | Ich weiß, | geschlossen wurde. |
| *Perfect* | dass die Bibliothek | geschlossen worden ist. |
| *Past perfect* | um 20 Uhr | geschlossen worden war. |
| *Future I* | | geschlossen werden wird. |

### with modal verbs

| | | |
|---|---|---|
| *Present* | Ich weiß, | aufgeräumt werden muss. |
| *Imperfect* | dass das Zimmer noch | aufgeräumt werden musste. |

# Test yourself!

## 17. Höfliche Bitten
**Can you make these sentences sound more polite?**

1) Kannst du mir den Zucker geben?
   <u>Könntest du mir bitte den Zucker geben?</u>

2) Machen Sie bitte das Fenster zu.
   <u>Würden</u> _____?

3) Beeil dich!
   _____?

4) Darf ich mir kurz Ihr Fahrrad leihen?
   _____?

5) Mach das Radio leise!
   _____?

6) Bringen Sie mir noch eine Cola, bitte!
   _____?

## 18. Schön wär's!
**Match the sentences. Then complete sentences a – e with either the present or past tense *K-II*-subjunctive forms of the verbs in brackets.**

1) Ihre Freunde gehen am Samstagabend aus. Sie sind krank und liegen im Bett.
2) Sie liegen bei 33° Celsius am Strand und es ist sehr heiß in der Sonne.
3) Sie sind in Shanghai und suchen ein Hotel. Sie fragen Passanten nach dem Weg, aber niemand spricht Englisch!
4) Sie stehen in der Küche und spülen das Geschirr nach einem Essen mit vielen Freunden.
5) Es ist Winter und sehr kalt. Sie haben kalte Hände.

a. _____ ich doch meinen Sonnenschirm _____! *(mitnehmen)*
b. _____ ich doch eine Spülmaschine! *(haben)*
c. _____ ich mir doch warme Handschuhe _____! *(kaufen)*
d. Wenn ich doch gesund <u>wäre</u> ! *(sein)*
e. Wenn ich doch einen Chinesischkurs _____! *(machen)*

1) <u>d</u>   2) ___   3) ___   4) ___   5) ___

## Test yourself! T

### 19. Lottogewinn
**Complete the sentences with the *K-II*-subjunctive forms of the verbs in brackets.**

Wenn ich im Lotto _____ _____ (1) *(gewinnen)*, _____ ich mir ein schönes, großes Haus am Meer _____ (2) *(kaufen)*. Natürlich _____ (3) *(haben)* ich dann auch Hausangestellte, sodass ich nichts mehr im Haushalt _____ _____ (4) *(machen müssen)*. Ich _____ (5) *(können)* den ganzen Tag auf der Terrasse _____ *(liegen)*!
Ich _____ (6) *(haben)* natürlich auch ein neues, schönes Auto. Damit _____ ich abends immer am Strand entlang _____ (7) *(fahren)*. Dort _____ ich meine Freunde _____ (8) *(treffen)* und sie in die besten Bars _____ (9) *(einladen)*.

Ach, _____ (10) es schön, wenn ich im Lotto _____ _____ (11) *(gewinnen)*!

### 20. Ratschläge
**Paul isn't happy about his appearance.**
**What would you do in Paul's place?**
**Give him some advice using the *K-II*-subjunctive.**

1) An deiner Stelle _____ *(würd-)* ich mir neue Schuhe kaufen.

2) Du _____ *(sollen)* eine modischere Brille tragen.

3) Wenn ich du _____ *(sein)*, _____ *(würd-)* ich Hemden und Sakkos tragen.

4) Du _____ *(müssen)* wirklich mal wieder zum Friseur gehen.

Verbs

## T  Test yourself!

### 21. Im Krankenhaus

**a)** What needs to be done today? Write down the nurse's sentences using the present tense passive.

> Station 5: Donnerstag, 14.11.
> - Frau Jürgens (Zimmer 114): Röntgen
> - Medikamente für nächste Woche bestellen
> - Assistenzärzte über den neuen Operationsplan informieren
> - Blutdruck von Herrn Neuner (Zimmer 117) dreimal täglich messen
> - Frau Mistler (Zimmer 120) Blut abnehmen
> - Herr Spatz (Zimmer 110) auf Station 7a bringen

1) Frau Jürgens von Zimmer 114 _muss geröntgt werden_ .

2) Die Medikamente
___

3) Die Assistenzärzte
___

4) Bei Herrn Neuner
___

5) Frau Mistler
___

6) Herr Spatz
___

**Test yourself!**

**b) What had to be done today in Ward 5? Write the sentence from part a) in the past simple tense passive and perfect tense passive.**

1) Frau Jürgens <u>wurde geröntgt</u>. / Frau Jürgens <u>ist geröntgt worden</u>.

2) Die Medikamente
   _____

3) Die Assistenzärzte
   _____

4) Bei Herrn Neuner
   _____

5) Frau Mistler
   _____

6) Herr Spatz
   _____

# 2. Nouns

| | | |
|---|---|---|
| **2.1** | **Gender** *der Löffel, die Gabel, das Messer* | 58 |
| **2.2** | **Plurals** *der Apfel, die Äpfel* | 60 |
| **2.3** | ***n*-Declension** *der Junge, den Jungen, dem Jungen, des Jungen* | 61 |
| **2.4** | **Case** *Ich habe meiner Nachbarin den Schlüssel gebracht.*       Nom.        Dat.        Acc. | 62 |
| | **Test yourself!** | 64 |
| **2.5** | **Articles** *das Fahrrad, ein Fahrrad, dein Fahrrad* | 67 |
| **2.6** | **Declension of adjectives** *ein neuer Film, eine schöne Frau, ein gutes Buch* | 71 |
| **2.7** | **Comparison** *schön, schöner, am schönsten* | 73 |
| | **Test yourself!** | 76 |
| **2.8** | **Pronouns** | 79 |
| | **2.8.1 Personal pronouns** *Sabine ist meine beste Freundin. Ich mag sie sehr.* | 79 |
| | **2.8.2 Indefinite pronouns** *Hast du kein Fahrrad? – Doch, natürlich habe ich eins.* | 80 |
| | **2.8.3 Possessive pronouns** *Wem gehört dieser Schlüssel? – Das ist meiner.* | 81 |
| | **2.8.4 Interrogative pronouns** *Geben Sie mir bitte den Stift dort. – Welchen meinen Sie?* | 81 |
| | **2.8.5 Other pronouns** *man, jemand, niemand, etwas, nichts, alles* | 82 |
| | **Test yourself!** | 83 |

# 2.1 Gender

### Usage

- Warum heißt es auf Deutsch: der Löffel, die Gabel und das Messer?
- ▲ Keine Ahnung.
- Why do we say in German: der Löffel, die Gabel und das Messer?
- ▲ No idea!

### Forms

| Masculine | der | der Mann, der Baum ... |
|---|---|---|
| Feminine | die | die Frau, die Sonne ... |
| Neuter | das | das Kind, das Haus ... |

- Always learn a noun together with its article!
- The endings of some nouns indicate that they always have the same gender / the same article:

|  | Ending | |
|---|---|---|
| Masculine | –ling | der Liebling |
|  | –ismus | der Tourismus |
| Feminine | –ung | die Zeitung |
|  | –heit | die Gesundheit |
|  | –keit | die Sauberkeit |

## Gender 2.1

|  | **Ending** | |
|---|---|---|
| *Feminine* | –schaft | die Freundschaft |
|  | –ion | die Reaktion |
|  | –ur | die Natur |
|  | –ik | die Politik |
|  | –e* | die Dose |
| *Neuter* | –chen | das Mädchen |
|  | –lein | das Tischlein |
|  | –um | das Zentrum |

\* *There are a few exceptions, e.g.:* der Käse, der Name ...

● Certain groups of nouns have the same gender:

|  |  | **Group** |
|---|---|---|
| *Masculine* | der Lehrer, der Hund | *male persons and animals* |
|  | der Mittwoch, der Mai, | *days of the week, months,* |
|  | der Sommer, der Morgen | *seasons, time of day* |
|  | der Schnee, der Süden | *weather, points of the compass* |
|  | der Mechaniker | *male jobs* |
|  | der Wein | *alcohol* |
|  | *Exception:* das Bier | |
| *Feminine* | die Mutter | *female persons* |
|  | die Rose | *many flowers* |
|  | die Ärztin | *female jobs* |
|  | *Exception:* das Mädchen | |
| *Neuter* | essen – das Essen | *nouns made from verbs* |

Nouns

# 2.2 Plurals

### Usage

- Und, was hast du auf dem Flohmarkt gekauft?
- Zwei Bücher, drei Tassen und noch ein paar Kleinigkeiten.
- And what did you buy at the car boot sale?
- Two books, three cups and a few other small items.

### Formation

- There are five ways to form plurals in German.

| | Singular | Plural | Ending | |
|---|---|---|---|---|
| 1. | der Lehrer | die Lehrer | – | Most nouns ending in –er, –el, –en; |
| | das Mädchen | die Mädchen | | All nouns ending in –chen, –lein |
| | der Apfel | die Äpfel | ¨ | |
| 2. | der Fisch | die Fische | –e | Many masculine nouns, single-syllable feminine and neuter nouns |
| | die Kuh | die Kühe | ¨e | |
| 3. | das Kind | die Kinder | –er | Many single-syllable neuter nouns, some masculine nouns |
| | das Glas | die Gläser | ¨er | |
| 4. | die Dose | die Dosen | –n | Many feminine nouns and all feminine nouns ending in –e |
| | die Rechnung | die Rechnungen | –en | All nouns ending in –ung, –heit, –keit, –e, –ie, n-declension masculine nouns |
| | die Studentin | die Studentinnen | –nen | All nouns ending in –in |
| 5. | das Sofa | die Sofas | –s | Nouns ending in –a, –i, –o Exception: Firma/Firmen, Thema/Themen |
| | das Hotel | die Hotels | | Most nouns of foreign origin |

60    Nouns

# n-Declension 2.3

## Usage

- Wie heißt denn der neue Kollege?
- ▲ Welchen neuen Kollegen meinst du denn?
- What's the name of your new colleague?
- ▲ Which new colleague do you mean?

## Formation

|            | Singular    | Plural      |
|------------|-------------|-------------|
| *Nominative* | der Junge   | die Jungen  |
| *Accusative* | den Jungen  | die Jungen  |
| *Dative*     | dem Jungen  | den Jungen  |
| *Genitive*   | des Jungen  | der Jungen  |

- The following are *n*-declension nouns:

| Masculine living beings ending in *–e* | |
|---|---|
| der Kollege, der Kunde ... | *People* |
| der Russe, der Pole, der Franzose, der Grieche ... | *Nationalities* |
| der Hase, der Affe ... | *Animals* |

| *Masculine nouns derived from Latin and Greek ending in:* | |
|---|---|
| –ant / –and | der Demonstrant, der Doktorand ... |
| –ent | der Student, der Präsident ... |
| –ist | der Tourist, der Journalist ... |
| –oge | der Pädagoge, der Biologe ... |
| –at | der Diplomat, der Demokrat ... |

| Masculine nouns that add an *–s* in the genitive: | |
|---|---|
| *Nominative* | *Genitive singular* |
| der Name | des Namens |
| der Gedanke | des Gedankens |
| der Friede | des Friedens |
| der Glaube | des Glaubens |
| der Buchstabe | des Buchstabens |

## 2.4 Case

### Usage

- What case a noun is in (nominative, accusative, dative, genitive) depends on its relationship to the other parts of speech in a sentence. It is necessary to make the meaning clear.

**Verb + other parts of speech**

| | |
|---|---|
| a) Subject + verb | Wir essen. |
| | *We're eating / having a meal.* |
| b) Subject + verb + accusative* | Wir haben einen neuen Fernseher gekauft. |
| | *We've bought a new TV.* |
| c) Subject + verb + dative + accusative* | Ich habe meiner Nachbarin den Schlüssel gebracht. |
| | *I've taken the key to my neighbour.* |
| d) Subject + verb + dative* | Ich helfe dir gern. |
| | *I'll gladly help you.* |

- If a verb requires just one other noun (apart from its subject) as a direct object, it is almost always in the accusative case (see b). There are some verbs that take a dative object (see d). It's best to learn these verbs by heart. The most important ones are: *helfen, gefallen, schmecken, gehören, antworten, zuhören* ... If a verb requires two objects (direct and indirect), then the person is in the dative and the thing is in the accusative case (see c).

**Prepositions + Accusative / Dative / Genitive**

| | |
|---|---|
| Die Blumen sind für dich. | *Accusative* |
| *The flowers are for you.* | |
| Ich ruf dich nach dem Essen an. | *Dative* |
| *I'll call you after lunch/dinner.* | |
| Wir gehen trotz der Kälte jeden Tag spazieren. | *Genitive* |
| *We go for a walk every day in spite of the cold.* | |

## Case 2.4

### Formation

- You can recognize the case of a noun from the last letter of the preceding article.

|  | Masculine | Feminine | Neuter | Plural |
|---|---|---|---|---|
| *Nominative* | der Mann | die Frau | das Kind | die Männer/Frauen/Kinder |
| *Accusative* | den Mann | die Frau | das Kind | die Männer/Frauen/Kinder |
| *Dative* | dem Mann | der Frau | dem Kind | den Männern/Frauen/Kindern* |
| *Genitive* | des Mannes | der Frauen | der Kinder | der Männer/Frauen/Kinder |

\* *In the dative plural almost all nouns end in* –n. *Exception: nouns that end in* –s *in the plural (dative plural:* den Autos*)*

# Test yourself!

### 1. *der*, *die* oder *das*?
**Match the nouns with the correct article.**

> Sonne • Figur • Vergangenheit • Auto • Hilfsbereitschaft • Morgen • Lehrling • Stunde • Glas • Landschaft • Möglichkeit • Hund • Gewitter • Dame • Juli • Kindlein • Sprache • Professor • Süden • Rauchen • Veilchen • Nachmittag • Meinung • Brötchen • Wolke • Winter • Mädchen

| der | die | das |
|---|---|---|
| | *Sonne* | |

### 2. Ein Wort passt nicht in die Reihe!
**Circle the noun that has a different gender.**

1) Lehrer – Koffer –(Haus)– Baum
2) Kultur – Liebling – Politik – Situation
3) Mädchen – Freundschaft – Rechnung – Sauberkeit
4) Hose – Sozialismus – Lampe – Freiheit
5) Rose – Elefant – Regen – Norden
6) Studentin – Schnee – Juni – Wein
7) Montag – Abend – Arzt – Blume
8) Gruppe – Schüler – Krankheit – Liebe

**Test yourself!** T

### 3. Wie heißt der Plural?
**Match these nouns to the correct type and write the singular and plural.**

> *das Buch* • *der Freund* • *der Vater* • *das Kino* • *der Name* •
> *die Verkäuferin* • *der Computer* • *das Sofa* • *der Tisch* •
> *die Adresse* • *der Kuss* • *das Kind* • *der Strand* • *das Auto* •
> *das Fenster* • *der Löffel* • *das Bild* • *die Krankenschwester* •
> *der Mann* • *das Team*

**Plural with the ending:**

| –e / ⸚e | – / ⸚ | –n / –(n)en | –er / ⸚er | –s |
|---|---|---|---|---|
| ____ / ____ | ____ / ____ | ____ / ____ | das Buch / Bücher | ____ / ____ |
| ____ / ____ | ____ / ____ | ____ / ____ | ____ / ____ | ____ / ____ |
| ____ / ____ | ____ / ____ | ____ / ____ | ____ / ____ | ____ / ____ |
| ____ / ____ | ____ / ____ | ____ / ____ | ____ / ____ | ____ / ____ |

### 4. Welche Nomen gehören zur *n*-Deklination?
**Circle the *n*-declension nouns.**

der Name   der Kommunist   der Lehrer
(der Polizist)   der Schwede   der Praktikant
der Schüler   der Mechaniker   der Student   der Koffer
der Psychologe
der Neffe   der Franzose   der Ingenieur
der Idealist
der Arzt   Informatiker   der Assistent   der Lieferant
der Kollege
der Schlüssel   der Produzent

Nouns

# T  Test yourself!

### 5. Im Hotel
**Mark the nominative (◯), accusative (——) and dative (· · · ·) nouns in these sentences.**

1) Haben Sie noch ein Doppelzimmer frei?
2) Wo ist denn Herr Bauer?
3) Haben Sie Herrn Wu schon den Schlüssel gegeben?
4) Wo gibt es hier ein Internet-Cafe?
5) Ist die Chefin schon da?
6) Könnten Sie mir bitte kurz helfen?
7) Wohin haben Sie denn die Rechnung gelegt?
8) Gehört das Auto da draußen Ihnen?

### 6. Omas und Opas silberne Hochzeit
**Complete the endings and mark the accusative and dative nouns as in exercise 5.**

(1) Opa schenkt sein___ Frau ein___ Ring. (2) Oma schenkt _____(er) ein___ Reise nach Wien. (3) Ihre Kinder bereiten ein___ großes Fest vor. (4) Zum Mittagessen gehen all___ Gäste in ein Restaurant. (5) Zum Kaffee haben die Enkelkinder viel___ Kuchen und Torten gebacken und sie haben d___ Tisch sehr schön dekoriert. (6) Die Enkelkinder singen für Oma und Opa ein__ Lied. (7) Ein Kind spielt dazu auf d__ Klavier. (8) Das Fest hat d___ Großeltern sehr gut gefallen. Sie bedanken sich bei allen Gästen herzlich.

# Articles

## 2.5

### Usage

- Articles are used before a noun. They indicate its gender, number and case.

- The indefinite article introduces new information about a noun (a). The definite article is used when something has already been mentioned (b) or when something is a generally known fact (c).

- *Hast du schon gehört? Angela hat endlich eine (a) neue Wohnung gefunden.*
▲ *Wirklich? Und, wie ist die (b) neue Wohnung?*
- *Sehr schön!*
- Have you heard? Angela has found a new flat at last.
▲ Really? And what's the new flat like?
- Very nice.

- *Die (c) Musik von Mozart ist doch wirklich wunderbar!*
▲ *Ja, da hast du recht.*
- The music of Mozart is really wonderful!
▲ Yes, you're right.

- The possessive adjective *(Possessivartikel)* indicates ownership or the person to whom something belongs.

- *Ist das dein Fahrrad?*   - Is that your bike?
▲ *Ja.*                     ▲ Yes.

| Negative article | Indefinite article | Definite article | Possessive adjective |
|---|---|---|---|
| Das ist doch kein Hund! | Das ist doch eine Katze! | Das ist doch die Katze von unseren Nachbarn. | Das ist meine Katze! |
| That's not a dog! | That is a cat! | That's the cat from next door. | This is my cat. |

Nouns

## Articles

### Formation

**Definite article**

|  | Masculine | Feminine | Neuter | Plural |
|---|---|---|---|---|
| *Nominative* | der | die | das | die |
| *Accusative* | den | die | das | die |
| *Dative* | dem | der | dem | den |
| *Genitive* | des | der | des | der |

*Declined in the same way:* dieser, jeder (*Plural:* alle!), jener, welcher

**Indefinite article**

|  | Masculine | Feminine | Neuter | Plural |
|---|---|---|---|---|
| *Nominative* | ein | eine | ein | – / keine |
| *Accusative* | einen | eine | ein | – / keine |
| *Dative* | einem | einer | einem | – / keinen |
| *Genitive* | eines | einer | eines | – / keiner |

*Declined in the same way:* kein, *possessive adjectives (Possessivartikel)* (mein, dein ...), irgendein

- The indefinite article has no plural (a). The possessive adjective *(Possessivartikel)* (b) and the negative article (c) form a plural with the last letter of the definite article.

| Singular | Plural |
|---|---|
| a) Das ist ein guter Film. | Das sind _ gute Filme. |
| b) Das ist mein Buch. | Das sind meine Bücher. |
| c) Das ist doch keine schwierige Übung. | Das sind doch keine schwierigen Übungen. |
| | |
| a) That's a good film. | Those are good films. |
| b) That's my book. | Those are my books. |
| c) That's not a difficult exercise. | Those are not difficult exercises. |

## Articles 2.5

### Possessive adjectives *(Possessivartikel)*

| | | |
|---|---|---|
| *ich* | → mein | my |
| *du* | → dein | your *(familiar)* |
| *er/sie/es* | → sein/ihr/sein | his/her/its |
| *wir* | → unser | our |
| *ihr* | → euer | your *(pl. familiar)* |
| *sie/Sie* | → ihr/Ihr | their/ your *(sg. and pl. formal)* |

### Possessive adjectives *(Possessivartikel)*

| | *Masculine* | *Feminine* | *Neuter* | *Plural* |
|---|---|---|---|---|
| *Nominative* | mein | meine | mein | meine |
| *Accusative* | meinen | meine | mein | meine |
| *Dative* | meinem | meiner | meinem | meinen |
| *Genitive* | meines | meiner | meines | meiner |

*Declined in the same way:* dein, ihr/sein, unser, euer, ihr/Ihr

- In the third person there are two forms of the possessive adjective: *sein / ihr*

### er → sein / sie → ihr

| | |
|---|---|
| Das Haus gehört Herrn Steiner. | Es ist sein Haus. |
| Das Haus gehört Frau Steiner. | Es ist ihr Haus. |
| The house belongs to Mr Steiner. | It's his house. |
| The house belongs to Mrs Steiner | It's her house. |
| Die Katze gehört Herrn Steiner. | Es ist seine Katze. |
| Die Katze gehört Frau Steiner. | Es ist ihre Katze. |
| The cat belongs to Mr Steiner. | It's his cat. |
| The cat belongs to Mrs Steiner. | It's her cat. |

## 2.5 Articles

### Zero article

| | No article is used with: |
|---|---|
| **Das ist Susanne.**<br>That's Susanne. | *Names, forms of address* |
| **Ich wohne in Berlin.**<br>I live in Berlin. | *Towns, cities, countries, continents* |
| **Er ist Franzose.**<br>He's French. | *Nationalities* |
| **Sie ist Ingenieurin.**<br>She's an engineer. | *Jobs, vocations* |
| **Ich komme nächsten Monat.**<br>I'll come next month. | *Time expressions without a preposition* |
| **Wir müssen noch Milch kaufen.**<br>We've still got to buy some milk. | *Indefinite amounts* |
| **Wie viel? – Zwei Liter, bitte.**<br>How much? – Two litres, please. | *Amounts and measures* |
| **Hast du Angst?**<br>Are you afraid? | *Qualities, properties, feelings* |
| **Ist das aus Plastik?**<br>Is that made of plastic? | *Materials* |

## Declension of adjectives 2.6

### Usage

- Whenever an adjective comes before a noun, it has an ending. An adjective on its own has no ending.

● Das ist ja ein schönes Kleid!
▲ Findest du?
● Ja, ich finde es wirklich sehr schön!
● That's a beautiful dress.
▲ Do you think so?
● Yes, I think it's really beautiful.

### Formation

- The adjectival ending depends on the article coming before it. There are two types of declension:

**Type 1 after the definite article**

|      | Masculine | Feminine | Neuter | Plural* |
|------|-----------|----------|--------|---------|
| Nom. |           | –e       |        |         |
| Acc. |           |          |        |         |
| Dat. |           | –en      |        |         |
| Gen. |           |          |        |         |

|      | Masculine   | Feminine   | Neuter    | Plural       |
|------|-------------|------------|-----------|--------------|
| Nom. | der neue Film | die schöne Frau | das gute Buch | die schönen Frauen |

**Type 2 after the indefinite article**

|      | Masculine | Feminine | Neuter | Plural* |
|------|-----------|----------|--------|---------|
| Nom. | –er       | –e       | –es    |         |
| Acc. |           |          |        |         |
| Dat. |           | –en      |        |         |
| Gen. |           |          |        |         |

## 2.6 Declension of adjectives

|  | Masculine | Feminine | Neuter | Plural** |
|---|---|---|---|---|
| **Nom.** | ein neu**er** Film | eine schön**e** Frau | ein gut**es** Buch | – |

*\*\* Plural endings are necessary only after* keine *and the possessive adjectives* (meine, deine …). *The indefinite article* ein *has no plural form.*

- If there is no article before the adjective (zero article), the adjective takes on the case ending of the definite article. 📖 *2.4* \*

### After zero article

|  | Masculine | Feminine | Neuter | Plural |
|---|---|---|---|---|
| **Nominative** | –r | –e | –s | –e |
| **Accusative** | –n | –e | –s | –e |
| **Dative** | –m | –r | –m | –n |
| **Genitive** | –n* | –r | –n* | –r |

*\* Exception: In the genitive singular masculine and neuter, the ending* -en *is used.* (Ich mag den Geruch frischen Kaffees.) *This form is not used very often, however.*

▲ Und, was für Eis isst du gern?
▲ What kind of ice cream do you like?

● Ich? Ich mag am liebsten italienisch**es** Eis. Das ist so lecker! (*Acc.:* da**s** Eis)
● Me? I like Italian ice cream best. It tastes so good.

■ Und ich trinke am liebsten italienisch**en** Wein. (*Acc.:* de**n** Wein)
■ And I like Italian wine best.

▲ Ich mag deutsch**es** Bier lieber. (*Acc.:* da**s** Bier)
▲ I prefer German beer.

# Comparison 2.7

## Usage

- To make comparisons you need to use the comparative and superlative forms of adjectives and adverbs.

- Was glaubt ihr, welches Tier läuft am schnellsten auf 100 Meter?
- Ich glaube, der Löwe läuft schneller als die Giraffe.
- Nein, ich glaube, die Giraffe läuft schneller als der Elefant.
- Na gut, dann schauen wir mal im Internet nach.
- What animal do you think can run the fastest over 100 metres?
- I think a lion can run faster than a giraffe.
- No, I think a giraffe can run faster than an elephant.
- OK, let's look it all up on the Internet.

- Na siehst du, ich hatte recht: Der Löwe läuft am schnellsten.
- Ja, aber ich hatte auch recht: Die Giraffe läuft schneller als der Elefant.
- See, I was right: a lion can run the fastest.
- Yes, but I was right, too: a giraffe can run faster than an elephant.

Nouns

## 2.7 Comparison

### Formation

| Adjective | Comparative: –er | Superlative: am ...–sten |
|---|---|---|
| Der Elefant läuft ziemlich schnell. | Aber die Giraffe läuft schneller. | Und der Löwe läuft am schnellsten. |
| An elephant can run quite fast. | But a giraffe can run faster. | And a lion can run the fastest. |

- If a comparative or a superlative adjective is used to qualify a noun, –er– or –st– come between the adjective and its ending.

| Adjective | Comparative: -er- | Superlative: -st- |
|---|---|---|
| das schnelle Tier | das schnellere Tier | das schnellste Tier |
| the fast animal | the faster animal | the fastest animal |

### Special forms

| Adjective | Comparative | Superlative | |
|---|---|---|---|
| gut | besser | am besten | |
| gern | lieber | am liebsten | |
| viel | mehr | am meisten | mehr/weniger *have no declension* |
| warm | wärmer | am wärmsten | a, o, u → ä, ö, ü *many single-syllable adjectives* |
| hübsch | hübscher | am hübschesten | –est *after* –d, –t, –s, –ß, –sch, –x, –z |
| teuer | teurer | am teuersten | –e *disappears in the comparative* |
| dunkel | dunkler | am dunkelsten | |
| nah | näher | am nächsten | |
| hoch | höher | am höchsten | |

**Comparison** 2.7

### Comparison with *wie* and *als*

| | | |
|---|---|---|
| ***so ... wie*** | Julia ist genau *so* alt *wie* Anna. (Sie sind beide 23 Jahre alt.) Julia is as old as Anna. (They are both 23.) | *the same* |
| **Comparative + *als*** | Aber Julia ist ält*er als* Monika. (Monika ist 21 Jahre alt.) But Julia is older than Monika. (Monika is 21.) | *different* |

7.06 sec.   4.80 sec.   9.23 sec.

# Test yourself!

### 7. Im Flugzeug.
**Which is correct, the definite or the indefinite article? Circle the right one.**

1) ● Ich möchte bitte (eine) / die / – Tageszeitung.
   ▲ Möchten Sie eine / die / – Abendzeitung oder eine / die / – Frankfurter Rundschau?

2) ● Möchten Sie einen / den / – Kaffee oder Tee?
   ▲ Einen / Den / – Kaffee mit einer / der / – Milch bitte.

3) ● Wer ist denn ein / der / – Reiseleiter Ihrer Gruppe?
   ▲ Das ist ein / der / – Herr Schwarz. Er sitzt dort vorn.

### 8. Im Kaufhaus
**Fill in the correct article: definite, indefinite or zero.**

● Wo haben Sie bitte ___–___ (1) Jogginganzüge?
▲ Welche Größe haben Sie?

● XXL.
▲ Kommen Sie bitte mit. ... Hier haben wir zum Beispiel _____ (2) schwarzen Anzug in _____ (3) Größe XXL. Gefällt er Ihnen?

● Ja schon, aber haben sie auch _____ (4) andere Farben?
▲ Natürlich. Wie gefällt Ihnen _____ (5) Farbe hier?

● Sehr gut. Darf ich _____ (6) Anzug mal probieren?
▲ Ja gern. Dort sind die Umkleidekabinen.

## 9. Wem gehört was?
**Match them up.**

1) ich  a) unser Auto
2) du  b) ihr Haus
3) er  c) Ihre Koffer
4) sie  d) mein Fahrrad
5) es  e) eure Kinder
6) wir  f) sein Buch
7) ihr  g) ihre Schlüssel
8) sie  h) deine Tasse
9) Sie  i) sein Ball

## 10. In der Schule
**Fill in the correct possessive adjective or possessive pronoun.**

- Ist das hier ___dein___ (1) Buch, Nina?
- Nein. Ich glaube, das gehört Julia. Zeigen Sie mal bitte. Ja, das ist _____ (2). Da steht ihr Name drin.
- Und die Wasserflasche, die gehört doch Max, oder?
- Ja, ich glaub, das ist _____ (3) Flasche.
- Gut, und wem gehören die Turnschuhe? Anna sind das _____ (4) Schuhe?
- Ach, da sind sie. Ja natürlich sind das _____ (5) Turnschuhe. Vielen Dank.
- Frau Kurz, wissen Sie zufällig, wo _____ (6) Mathebücher sind? Daniel und ich, wir finden sie nicht mehr.
- Nein, keine Ahnung. Warum räumt ihr denn auch _____ (7) Sachen nie auf?

# T — Test yourself!

## 11. Unsere Klasse. Wer mag was?
**Complete the endings.**

1) Sergej trinkt gern ein gut_es_ Bier.
2) Monika hört immer klassisch___ Musik.
3) Hakan sieht sich gern ein spannend___ Fußballspiel im Fernsehen an.
4) Anna liest gern die deutsch___ Schriftsteller des 20. Jahrhunderts.
5) Max macht nicht gern langweilig___ Hausaufgaben.
6) Olga trinkt in der Cafeteria am liebsten italienisch___ Kaffee.
7) Daniel sieht sich gern lustig___ Filme auf DVD an.
8) Unsere Lehrerin korrigiert am liebsten spannend___ Hausaufgaben.

## 12. In der Zeitung.
**Complete the endings.**

1) **Ruhig_e___ Ferienwohnung zu vermieten!**
Wunderschön___ 2-Zimmer-Wohnung direkt am romantisch___ Bodensee, nahe der alt___ und schön___ Stadt Konstanz mit wunderbar___ Blick auf den See im Juli zu vermieten.

2) **Wohnen auf dem Land**
Ruhig___ Haus mit 6 Zimmern an kinderreich___ Familie ab September zu vermieten. Groß___ Garten, klein___ Balkon, zwei modern___ Badezimmer und eine hell___ Küche warten auf Sie.

## 13. Vergleiche
**Fill in the correct form of the adjectives/adverbs.**

1) ● Wie ist das Wetter bei euch?
   ▲ Heute ist es _wärmer_ (warm) als gestern. Aber morgen soll es wieder viel _____ (kalt) werden.
2) ● Welches deiner Kinder schwimmt am besten?
   ▲ Jakob schwimmt schon ganz _____ (gut), aber Isabel schwimmt _____ (gut). Klar, sie ist ja auch drei Jahre _____ (alt) als ihr Bruder.
3) ● Und was isst du gern?
   ▲ Also, ich esse _____ (gern) Schnitzel, nein, noch _____ (gern) als Schnitzel esse ich Nudeln und _____ (gern) mag ich Sushi.

# Pronouns 2.8

- Pronouns can be used to replace nouns, clauses, parts of sentences and texts.

## 2.8.1 Personal pronouns

### Usage

- Frau Bauer hat gerade angerufen. Sie kommt heute eine Stunde später.
▲ Ist gut. Danke!
- Mrs Bauer just called. She'll be an hour later today.
▲ OK. Thanks.

### Forms

| Nominative | Accusative | Dative |
| --- | --- | --- |
| ich | mich | mir |
| du | dich | dir |
| er/sie/es | ihn/sie/es | ihm/ihr/ihm |
| wir | uns | uns |
| ihr | euch | euch |
| sie/Sie | sie/Sie | ihnen/Ihnen |

| Position of pronouns in a sentence | |
| --- | --- |
| Können Sie mir den Stift dort bitte geben?<br>Can you give me that pen, please? | *Pronoun before noun* |
| Können Sie ihn mir bitte geben?<br>Can you give it to me, please? | *Pronoun + pronoun:<br>accusative before dative* |

Nouns 79

## 2.8.2 Indefinite pronouns

**Usage**

- Hast du denn kein Fahrrad?
- ▲ Doch, natürlich hab' ich eins, aber das ist gerade kaputt.
- Ich kann dir leider auch keins leihen, denn mein zweites ist auch kaputt.
- Haven't you got a bike then?
- ▲ Yes, of course I've got one, but it's broken at the moment.
- I can't lend you one either unfortunately because my second bike is broken, too.

---

- Ich gehe einkaufen. Brauchen wir noch Eier?
- ▲ Nein, ich glaube, wir haben noch welche. Schau doch mal im Kühlschrank nach.
- I'm going shopping. Do we need any eggs?
- ▲ No, I think we've still got some. Have a look in the fridge.

**Forms**

- The indefinite pronoun is declined the same as the indefinite article apart from three instances. The plural form of the indefinite pronoun *einer/eine/ein(e)s* is *welche*. The plural form of the negative pronoun is *keine*.

|  | Masculine | Feminine | Neuter | Plural |
| --- | --- | --- | --- | --- |
| *Nominative* | einer | eine | ein(e)s | welche/keine |
| *Accusative* | einen | eine | ein(e)s | welche/keine |
| *Dative* | einem | einer | einem | welchen/keinen |
| *Genitive* | eines | einer | eines | welcher/keiner |

*Declined in the same way:* **keiner, keine, kein(e)s, keine**

## 2.8.3 Possessive pronouns

### Usage

- Wem gehört denn der Schlüssel hier?
- ▲ Ach, das ist meiner. Vielen Dank!
- Who does this key belong to?
- ▲ Ah, it's mine. Thanks a lot!

### Forms

- Possessive pronouns are declined the same way as the possessive adjectives apart from three instances.

|  | Masculine | Feminine | Neutral | Plural |
|---|---|---|---|---|
| Nominative | meiner | meine | mein(e)s | meine |
| Accusative | meinen | meine | mein(e)s | meine |
| Dative | meinem | meiner | meinem | meinen |
| Genitive | meines | meiner | meines | meiner |
| likewise: | deiner, seiner, ihrer, uns(e)rer, eurer, ihrer | | | |

## 2.8.4 Interrogative pronouns

### Usage

- Geben Sie mir doch mal bitte den Stift dort.
- ▲ Welchen meinen Sie?
- Na, den blauen.
- Give me that pen there, will you, please.
- ▲ Which one do you mean?
- The blue one.

- Du, ich will mir ein neues Auto kaufen.
- ▲ Super! Was für eins denn?
- Ach, einen günstigen Kleinwagen, was würdest du mir denn empfehlen?
- I want to buy a new car.
- ▲ Super! What model?
- Oh, a small low-price one. What would you recommend?

## 2.8 Pronouns

### Forms

- *welcher, welche, welches* have the same endings as the definite article. 📖 2.5

- *was für ein, was für eine, was für ein(e)s* have the same endings as the indefinite pronoun. 📖 2.8.2

### 2.8.5 Other pronouns

- *man, jemand, niemand, etwas, nichts, alles*

### Usage

- Hast du mir sonst nichts mehr zu sagen?
- ▲ Nein, das ist alles.
- You've got nothing more to say to me?
- ▲ No, that's all.

- Wenn man die Prüfung TestDaF bestanden hat, kann man in Deutschland studieren.
- If you've passed the TestDaf exam, you can go to university in Germany.

- Hast du im Kino jemand(en) aus unserer Klasse getroffen?
- ▲ Nein, niemand(en).
- Did you meet anyone from our class at the cinema?
- ▲ No, no one.

### Forms

These indefinite pronouns do not change.
*Jemand/niemand* may have an ending, but it is usually left out.

# Test yourself!

## 14. Fragen und Antworten
**Fill in the right pronoun.**

1) ● Wo ist denn Frau Schnitzlein?
   ▲ Keine Ahnung, wo _____ *(Nom.)* ist.

2) ● Gefällt _____ *(Dat.)* das T-Shirt, Claudia?
   ▲ Ja, ich finde _____ *(Acc.)* sehr schön.

3) ● Kinder, könnt _____ *(Nom.)* mal bitte reinkommen?
   ▲ _____ *(Nom.)* kommen gleich Papa.

4) ● Herr Nusser, wissen _____ *(Nom.)*, wo Herr Binder ist?
   ▲ Ja, ich habe _____ *(Acc.)* gerade in der Cafeteria gesehen.

5) ● Kann ich _____ *(Dat.)* helfen?
   ▲ Ach, das ist aber nett von _____ *(Dat.)* Frau Gerner!

6) ● Wann kann ich _____ *(Acc.)* anrufen? Wann seid _____ *(Nom.)* morgen zu Hause?
   ▲ Ruf _____ *(Acc.)* doch morgen Abend an. Da sind _____ *(Nom.)* bestimmt zu Hause.

7) ● Könnten _____ *(Nom.)* _____ *(Dat.)* bitte ein Glas aus der Küche mitbringen?
   ▲ Ja gern.

8) ● Bitte gib _____ *(Dat.)* doch deine Telefonnummer.
   ▲ Aber ich habe _____ *(Acc.)* _____ *(Dat.)* doch schon gegeben.

**Test yourself!**

### 15. Eine E-Mail aus dem Urlaub
**Choose the right pronoun.**

ihm • ihn • uns • dir • ihm • sie • mich • dir • mich • ihm • mich

Hallo Kathrin,

wie geht es __dir__ (1)? Weißt du was? Ich habe _____ (2) total verliebt. ☺ Ja, also, gestern Abend sind wir in eine Bar gegangen, Corinna und ich. Und dort habe ich _____ (3) zum ersten Mal gesehen: Francesco! Er hat _____ (4) dauernd angelächelt und nach einer Weile ist er zu mir und Corinna gekommen und hat _____ (5) gefragt, ob wir etwas mit _____ (6) trinken wollen. Er ist so süß und charmant! Und wir haben viel gelacht.
Beim Abschied hat er _____ (7) gefragt, ob ich _____ (8) meine Handynummer gebe. Natürlich hab' ich _____ (9) _____ (10) gegeben! Und jetzt warte ich sehnsüchtig auf seinen Anruf.
Morgen schreib' ich _____ (11) mehr.

Viele Grüße
Jutta

### 16. Beim Kochen
**Fill in** *ein-, kein-, welch-*.

1) ● Ich brauche eine Schüssel.
   ▲ Aber hier steht doch schon __eine__.
2) ● Haben wir noch Zitronen?
   ▲ Ja, dort in der Schüsseln liegen doch _____.

3) ● Wo ist denn das große Messer?
   ▲ Auf dem Tisch.
   ● Wo? Ich sehe k_____?
   ▲ Da links.
   ● Ach da!
4) ● Gibst du mir bitte einen Suppenlöffel?
   ▲ Aber da liegt doch _____. Schau doch!
5) ● Haben wir noch Eier?
   ▲ Ja, im Kühlschrank sind, glaube ich, noch _____.
6) ● Gibst du mir das Salz bitte.
   ▲ Wir haben _____ mehr.
   ● Was? Wie soll ich denn ohne Salz kochen?

## 17. Ist das …?
**Mark the correct form with a cross.**

1) ● Sind das Papas Zigaretten?
   ▲ Ja, ich glaube, das sind ○ seinen ⊗ seine.
2) ● Ist das Annas Fahrrad?
   ▲ Nein, ich glaube, das ist nicht ○ ihrs ○ ihr.
3) ● Die Schlüssel hier. Sind das ○ eurer ○ eure?
   ▲ Oh danke. Ja, das sind ○ unsre ○ unsrer.
4) ● Ist das Ihre Handtasche, Frau Orth?
   ▲ Ach ja, das ist ○ meine ○ meins. Vielen Dank!
5) ● Ist das dein Wörterbuch?
   ▲ Nein, das ist nicht ○ mein ○ meins.
6) ● Ist das schwarze hier euer Auto?
   ▲ Nein, das ist nicht ○ unsere ○ unseres.

## Test yourself!

### 18. *Welch-* oder *Was für ein-?*
**Complete the sentences.**

1) ● <u>Was für ein</u> Fahrrad willst du dir denn kaufen?
   ▲ Ein Mountainbike.
2) ● _____ deutsche Bier schmeckt Ihnen denn am besten?
   ▲ Augustiner natürlich!
3) ● _____ Hemd gefällt dir besser? Das schwarze oder das blaue?
   ▲ Das schwarze.
4) ● _____ Wein möchten Sie? Rotwein oder Weißwein?
   ▲ Rotwein bitte.

### 19. Leben auf dem Land
**Choose the right pronoun.**

*etwas • man • alles • jemand • nichts*

Seit einem Jahr leben wir in einem kleinen Dorf auf dem Land und fühlen uns sehr wohl hier. Hier haben wir _____ (1), was wir brauchen: Schulen, einen Kindergarten, Einkaufsmöglichkeiten ... es fehlt uns eigentlich _____ (2). Mit unseren Nachbarn verstehen wir uns sehr gut: Wenn mal _____ (3) Hilfe braucht, ist immer einer da.
Na ja, _____ (4) fehlt mir hier ein bisschen: ein Kino. Ich finde es einen großen Unterschied, ob _____ (5) einen Film im Kino oder nur auf DVD zu Hause sieht.

# 3. Prepositions

| | | |
|---|---|---|
| **3.1** | **Prepositions of place** | 90 |
| **Test yourself!** | | 98 |
| | | |
| **3.2** | **Prepositions of time** | 102 |
| **Test yourself!** | | 107 |

# 3 Prepositions

**Usage**

- Prepositions come before nouns or pronouns and determine their case.

- Hallo Judith, wohin gehst du?
- ▲ Ins Büro. Und du?
- Ich muss zum Bahnhof. Ich fahre nach Köln.
- ▲ Wann geht denn dein Zug?
- In einer halben Stunde.
- ▲ Ach, dann könnten wir doch noch schnell einen Kaffee in der Bar hier trinken?
- Ja, gute Idee.

- Hello, Judith. Where are you going?
- ▲ To the office. And you?
- I have to get to the station. I'm going to Cologne.
- ▲ When does your train leave?
- In half an hour.
- ▲ Oh, then we could have a quick coffee in the bar here?
- Yes, good idea.

# Prepositions 3

| Prepositions taking the accusative | Prepositions taking either the accusative or the dative | Prepositions taking the dative |
|---|---|---|
| durch<br>für<br>gegen<br>ohne<br>um | in<br>an<br>auf<br>unter<br>über<br>vor<br>hinter<br>neben<br>zwischen | aus<br>bei<br>mit<br>nach<br>seit<br>von<br>zu |

Where? When? → Dative
Where to? → Accusative

- Some prepositions combine with the definite article to make a short form: *an dem* → *am*

| Dative | Accusative |
|---|---|
| an dem → am | an das → ans |
| in dem → im | in das → ins |
| von dem → vom | auf das → aufs* |
| zu der → zur | für das → fürs* |
| zu dem → zum | durch das → durchs* |
| bei dem → beim | |

*\* usually only in spoken language*

# 3.1 Prepositions of place

### Usage

- Prepositions of place answer the question *Wo?* / Where? (place), *Wohin?* / Where to?, *Woher?* / Where from? (motion).

| | |
|---|---|
| ● **Woher** kommen Sie?<br>▲ **Aus** Österreich.<br>● Where do you come from?<br>▲ From Austria. | *Country of origin:*<br>aus, von |
| ● Und **wo** wohnen Sie?<br>▲ **In** Wien.<br>● And where do you live?<br>▲ In Vienna. | *Place:*<br>an, auf, in, bei |
| ● **Wohin** fahren Sie in Urlaub?<br>▲ **Nach** Griechenland. Ich fahre gerne **ans** Meer!<br>● Where are you going for your holidays?<br>▲ To Greece. I like going to the seaside. | *Direction, destination:* an, auf, in, nach, zu |

### Prepositions taking the accusative

| | | |
|---|---|---|
| **bis** | *Final destination (zero article)* | Der Zug geht bis Zürich. Dort müssen Sie umsteigen.<br>The train goes as far as Zurich. You have to change there. |
| **bis zu (+D)/ bis an** | *Final destination (with article)* | Ich begleite dich bis zur U-Bahn.<br>Geh nicht immer bis an den Rand vom Steg. Sonst fällst du noch ins Wasser, meine Kleine.<br>I'll go with you as far as the underground.<br>Don't always go right to the edge of the landing stage or you'll fall in the water, little girl. |
| **durch** | *Movement through sth.* | Wir sind durch den ganzen Park gelaufen.<br>We ran through the whole park. |

# Prepositions of place 3.1

| | | |
|---|---|---|
| **entlang** | *Movement along sth.* | Wir gingen die ganze Zeit den Fluss entlang.*<br>We went along the river the whole time. |
| **gegen** | *Movement against sth.* | Sie stieß gegen den Tisch und so ist die Blumenvase umgefallen.<br>She bumped against the table and the vase of flowers fell over as a result. |
| **um (herum)** | *Position or movement around sth.* | Alle standen um den Tisch (herum).<br>Wir sind nicht durchs Zentrum sondern um die Stadt (herum) gefahren.<br>Everyone was standing around the table.<br>We didn't drive through the centre but around the outside of the town. |

*\* placed after the noun*

## Prepositions taking the dative

| | | |
|---|---|---|
| **ab** | *Point of departure* | Wir fliegen ab Hamburg direkt nach New York.<br>We're flying from Hamburg direct to New York. |
| **aus** | *Movement out of sth.* | Geh jetzt bitte aus meinem Zimmer! Ich muss arbeiten.<br>Get out of my room now, please! I have to work. |
| | *Country of origin* | Er kommt aus Russland.<br>He comes from Russia. |

## 3.1 Prepositions of place

| | | |
|---|---|---|
| **bei** | *Nearby location* | Potsdam liegt bei Berlin.<br>Potsdam is very near Berlin. |
| | *Person* | Sie wohnt noch bei ihren Eltern.<br>She still lives with her parents. |
| | *Workplace/company name* | Er arbeitet bei Mercedes.<br>He works at Mercedes. |
| **gegenüber** | *On the opposite side of a street or square* | Gegenüber dem Bahnhof ist eine Bank.\*<br>Opposite the station is a bank. |
| | *Person* | Mir gegenüber saß meine Chefin.\*<br>My boss was sitting opposite me. |
| **nach** | *Names of places and countries (zero article)* | Morgen fahren wir nach Prag. Morgen fahren wir nach Tschechien.<br>Tomorrow we're going to Prague.<br>Tomorrow we're going to the Czech Republic. |
| | *Direction* | Wir gehen nach unten / nach draußen / nach rechts / nach Westen.<br>We're going down(stairs) / outside / to the right / to the west. |
| **von** | *Where someone has come from* | Ich komme gerade vom Zahnarzt.<br>I've just come from the dentist's. |
| | *Substitute for the genitive* | Das ist das Auto von meiner Schwester.<br>That's my sister's car. |
| **zu** | *Destination* | Ich fahre jetzt zum Flughafen / zu meiner Tante.<br>I'm going to the airport now / to my aunt's. |

\* *Especially in spoken language usually together with von. (Gegenüber vom Bahnhof ist eine Bank.)*
*Can also follow the noun, but nowadays rather old-fashioned. (Dem Bahnhof gegenüber ist eine Bank.) Always follows a pronoun. (Sie war mir gegenüber immer sehr freundlich.)*

# Prepositions of place 3.1

### Prepositions taking the genitive*

| | | |
|---|---|---|
| **außerhalb** | *not inside* | Ich wohne lieber außerhalb der Stadt. |
| | | I live outside of town. |
| **innerhalb** | *inside* | Dieses Ticket ist nur innerhalb der Stadt gültig. |
| | | This ticket is only valid within city limits. |

*\* Especially in spoken language often used together with von (+ dative). (Ich wohne lieber außerhalb von der Stadt. / Dieses Ticket ist nur innerhalb von der Stadt gültig.)*

- Prepositions taking either accusative or dative:

*Where to?* → Accusative     *Where?* → Dative

### Accusative or dative

| | | |
|---|---|---|
| **in**  | *In or inside sth., in countries, places, mountains* | Der Vogel sitzt in einem Käfig. Warst du schon einmal in Asien / in China / in Shanghai / in den Alpen? |
| | | The bird is sitting in a cage. Have you ever been to Asia / China / Shanghai / the Alps? |
| **an** 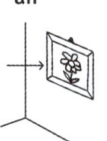 | *Close to rivers and lakes* *Touching sth. in a vertical position* | Wir sind an der Elbe (= Fluss) spazieren gegangen. Das Bild hängt an der Wand. |
| | *On a (town) square* | Er wohnt am (= an dem) Chamissoplatz. |
| | | We went for a walk along the River Elbe. The picture is hanging on the wall. He lives on Chamisso Square. |

Prepositions

## 3.1 Prepositions of place

| | | | |
|---|---|---|---|
| **auf** | *On (top of) sth., touching it from above* | | Dein Schlüssel liegt auf dem Tisch.<br>Your key is on the table. |
| **unter** | *Under(neath) sth.* | | Der Hund liegt unter dem Tisch.<br>The dog is lying under(neath) the table. |
| | *Among* | | Unter allen Zuhörern wurden drei Tickets für das Konzert verlost.<br>Three tickets for the concert were raffled off among all the listeners. |
| **über** | *Above, over* | | Die Lampe hängt über dem Esstisch!<br>The lamp is hanging above the dining table. |
| | *Across* | | Geht schnell über die Straße.<br>Go quickly across the street. |
| **vor** | *In front of* |  | Mia steht vor ihrem Vater.<br>Mia is standing in front of her father. |
| **hinter** | *Behind* | | Max steht hinter seiner Tochter.<br>Max is standing behind his daughter. |
| **neben** | *Next to / beside* | | Die Blumen stehen neben der Lampe.<br>The flowers are next to the lamp. |
| **zwischen** | *Between* | | Franz sitzt zwischen Monika und Franziska.<br>Franz is sitting between Monika and Franziska. |

# Prepositions of place 3.1

## Prepositions indicating position and direction

| | *Where ...?* | *Where to ...?* |
|---|---|---|
| **1.** Towns, countries *(zero article)* | ***in* + dative** Ich wohne in London / in Irland. I live in London / in Ireland. | ***nach*** Ich fahre nach London / nach Irland. I'm going to London / to Ireland. |
| **2.** Buildings | ***in* + dative** Ich bin gerade im Büro. I'm in the office at the moment. | ***in* + accusative** Ich gehe jetzt ins Büro. I'm going to the office now. |
| *Countryside, mountains* | Wir waren im Urlaub in den Rocky Mountains. We spent our holiday in the Rocky Mountains. | Wir fahren im Sommer in die Rocky Mountains. We're going to the Rocky Mountains in the summer. |
| *Country (with article)* | Sie wohnt in der Schweiz. She lives in Switzerland. | Morgen fahren wir in die Schweiz. Tomorrow we're going to Switzerland. |
| *Street names* | Er wohnt in der Goethestraße. He lives in Goethestraße. | Ich fahre jetzt in die Goethestraße. I'm going to Goethestraße now. |
| **3.** Shops | ***in* + dative** Ich bin gerade in der Post* / in der Bäckerei. I'm at the post office / at the baker's at the moment. | ***zu*** Ich gehe jetzt zur Post* / zur Bäckerei. I'm going to the post office / to the baker's now. |
| **4.** People | ***bei*** Ich war gerade bei meiner Kollegin im Zimmer. I was just with my colleague in her room. | ***zu*** Ich fahre jetzt zum Arzt. I'm going to the doctor's now. |

Prepositions 95

## 3.1 Prepositions of place

|  | *Wo …? /* Where? | *Wohin …? /* Where to? |
|---|---|---|
| **5.** | ***auf* + dative*** | ***auf* + accusative*** |
| *Position* | Die Zeitung liegt auf dem Tisch.<br>The newspaper is lying on the table. | Leg doch die Zeitung dort auf den Tisch.<br>Put the newspaper down there on the table. |
| *Mountain/ tower* | Waren Sie schon auf der Zugspitze?<br>Have you ever been on/up the Zugspitze? | Am Sonntag fahren wir auf die Zugspitze.<br>On Sunday we're going up the Zugspitze. |
| *Groups of islands* | Wir waren auf den Kanarischen Inseln.<br>Have you ever been to the Canary Islands? | Nächstes Jahr fahren wir auf die Kanarischen Inseln.<br>Next year we're going to the Canary Islands. |
| *Islands* | Wir waren auf Teneriffa.<br>We were on Tenerife. | *But:* Wir fahren nach Teneriffa.<br>We're going to Tenerife. |
| **6.** | ***an* + dative** | ***an* + accusative** |
| *Lakes, rivers, sea* | Ich mache gern Urlaub am Meer.<br>I like spending my holidays at the seaside | Wir fahren im Juli ans Meer.<br>We're going to the seaside in July. |
| *Close to sth.* | Warte dort an der Tür auf mich.<br>Wait at the door for me. | Setzt euch schon an den Tisch. Ich komme gleich.<br>Sit down at the table. I'll be right there. |
| **7.** | ***an* + dative** | ***zu* dative** |
| *Town square (name)* | Am Bahnhofsplatz ist eine Post.<br>There's a post office on the station square. | Ich gehe jetzt zum Bahnhofsplatz.<br>I'm going to the station square now. |
| **Exception:** | Ich bin gerade zu Hause.<br>I'm at home at the moment. | Ich gehe jetzt nach Hause.<br>I'm going home now. |

\* *Also possible with* Post/Bank*:* Ich bin gerade *auf* der Post. / *auf* der Bank. Ich gehe jetzt *auf* die Post. / *auf* die Bank.

## Prepositions of place 3.1

- To answer the question Where from...? two prepositions can be used: *aus* and *von*.

- *aus* is used if you can also say *in* (to answer the question *where? / where to?*) as in nos. 1, 2 and 3 above.
  *Ich wohne in Frankfurt. – Ich komme aus Frankfurt.*
  I live in Frankfurt. – I come from Frankfurt.

- *von* is used if you **can't** say *in* (to answer the question *where? / where to?*) as in nos. 4, 5, 6 and 7 above.
  *Ich gehe jetzt zum Arzt. / zum Strand.*
  *Ich komme gerade vom Arzt. / vom Strand.*
  I'm going to the doctor's. / to the beach.
  I've just come from the doctor's. / from the beach.

- Careful! Not to be confused. There are also adverbs that answer the same questions.

| | |
|---|---|
| Question: *Where?*<br>*Er wohnt nebenan.*<br>He lives next door. | *hier, da, dort / draußen, drinnen, drüben / oben, unten, innen, außen / vorn, hinten, links, rechts / überall, irgendwo, anderswo / nebenan*<br>negative: *nirgends, nirgendwo* |
| Question: *Where from? / Where to?*<br>*Setzen Sie sich bitte dorthin.*<br>Please sit down there. | *dorthin, (hier)her / rein, raus, rüber, runter, rauf / irgendwohin, irgendwoher / aufwärts, abwärts, vorwärts, rückwärts*<br>negative: *nirgendwohin, nirgendwoher* |

Prepositions

# Test yourself!

## 1. Wohin fahren wir?
**Complete the dialogue with the right prepositions.**

*in das • auf • ans • durch • an der • in die*

Viola: Also, wenn ihr mich fragt ... ich will am liebsten __ans__ Meer.
Tom: Und ich ____ ____ Berge.
Simon: Na, super! Ich will _____ einen Campingplatz.
Manuel: Und ich würde am liebsten mit einem Caravan _____ Schweden fahren.
Katrin: Das ist doch alles viel zu teuer! Warum fahren wir nicht einfach ____ ____ Ferienhaus meiner Eltern ____ ____ Nordsee? Da müssen wir nur fürs Essen und die Fahrt zahlen.

## Test yourself!

### 2. Wo? Wohin? Woher?
**Fill in the appropriate preposition (with the article if necessary).**

| Where?<br>Er ist ... | Where to?<br>Er fährt ... | Where to?<br>Er kommt ... |
|---|---|---|
| 1) _beim_ Arzt (m). | _____ Arzt. | _____ Arzt. |
| 2) _____ Büro (n). | _____ Büro. | _____ Büro. |
| 3) _____ England (n). | _____ England. | _____ England. |
| 4) _____ Strand (m). | _____ Strand. | _____ Strand. |
| 5) _____ Theater (n). | _____ Theater. | _____ Theater. |
| 6) _____ Bäckerei (f). | _____ Bäckerei. | _____ Bäckerei. |
| 7) _____ Insel (f). | _____ Insel. | _____ Insel. |
| 8) _____ Nachbarn (m). | _____ Nachbarn. | _____ Nachbarn. |

### 3. Wir müssen aufräumen.
**Complete the sentences with the right preposition and article.**

1) Häng doch die Jacke _an_ _____ Garderobe (f).

2) Stell die Schuhe ____ _____ Schuhschrank (m).

3) Leg die Bücher ____ _____ Regal (n).

4) Wirf die alten Zeitungen ____ _____ Abfalleimer (m).

5) Räum bitte das schmutzige Geschirr ____ _____ Spülmaschine (f).

6) Stell die Blumenvase ____ _____ Esstisch (m).

Prepositions

# Test yourself!

## 4. Am Wochenende – Kollegen unterhalten sich
**Circle the correct preposition.**

- Guten Morgen! Und, was habt ihr am Wochenende gemacht?
- Also, wir sind in / (nach) (1) Österreich gefahren aufs / ins (2) Karwendelgebirge gefahren.
- Und wir waren am / zum (3) Mondsee.
- Und du Renate? Du wolltest doch mit deinem Mann nach / in (4) Salzburg fahren und zur / in die (5) Oper gehen?
- Leider hat das nicht geklappt, weil mein Mann krank geworden ist. So sind wir zu / nach (6) Hause geblieben.
- Wie schade!


## 5. Wo hast du denn deinen Mann kennen gelernt?
**Fill in the correct preposition/phrase.**

*im • bei • auf dem • beim • auf • im • in einem • in der*

1) _bei_ Freunden
2) ____ Internetcafe
3) ____ ____ Firma
4) ____ ____ Marktplatz
5) ____ ____ Restaurant
6) ____ Zug
7) ____ Skifahren
8) ____ Mallorca

## 6. Was liegt/steht/hängt wo?
**Complete the text with the correct preposition.**

*von • zwischen • in • über • auf • neben • in • vor • unter*

__In__ (1) meinem Zimmer habe ich viele schöne Sachen. _____ (2) dem Fenster steht mein Schreibtisch. _____ (3) dem Tisch steht mein Laptop und _____ (4) dem Tisch der Drucker. _____ (5) dem Schreibtisch steht die alte Stehlampe, die ich _____ (6) einem Antiquitätengeschäft gekauft habe. _____ (7) der Lampe und meinem Bett habe ich noch einen kleinen Nachttisch. Und _____ (8) dem Nachttisch hängt ein Foto _____ (9) meinem Freund.

## 7. Eine E-Mail aus dem Urlaub
**Fill in the correct preposition and article.**

Hallo Monika,

gestern sind wir ____ ____ (1) Schweiz zurückgekommen. Wir haben dort _____ (2) den Eltern von Nikos gewohnt. Sie haben ein kleines, sehr schönes Haus _____ (3) Zürichsee. Genau _____ (4) von ihrem Haus auf der anderen Seite der Straße ist eine sehr schöne kleine Bar, in der wir abends oft gesessen sind und ____ ____ (5) See geschaut haben. Manchmal haben wir aber auch Ausflüge ____ ____ (6) Berge gemacht oder sind _____ (7) Fluss _____ (8) spazieren gegangen.
Ich fand es sehr schade, dass wir nach einer Woche schon wieder _____ (9) Hause fahren mussten.

Bis bald und viele Grüße
Hilde

PS: Weißt du schon das Neueste? Christian hat eine Arbeit _____ (10) BMW bekommen! Das ist sein Traumjob!

# 3.2 Prepositions of time

- **Prepositions of time** are used to answer the questions *when?* or *how long?*

| Prepositions taking only one case | | |
|---|---|---|
| **Dative** | **Accusative** | **Genitive** |
| ab, aus, bei, nach, seit, von ... bis/an, zu | bis, für, gegen, um | während*, innerhalb, außerhalb<br>* *usually with the dative in spoken language* |

- **Prepositions** of time that can either take the dative or the accusative case, take the dative case when they answer the question *Wann?* / *When?* (Exception: *über* + accusative).

| Point in time | | |
|---|---|---|
| **an + *dative*** | *Day* | Wir treffen uns **am** Mittwoch.<br>We're meeting on Wednesday. |
| | *Dates* | Ich bin **am** 24.4.1999 geboren.<br>I was born on 24.4.1999. |
| | *Time of day* | Komm doch **am** Nachmittag zu mir. (*Exception:* **in** der Nacht)<br>Come over to my place in the afternoon. |
| | *Public holidays* | **An** Weihnachten kommen immer meine Eltern zu Besuch.<br>At Christmas my parents always come to visit. |
| **in + *dative*** | *Week* | **In** der nächsten Woche habe ich Urlaub.<br>Next week I'm on holiday. |
| | *Months* | Meine Tochter ist **im** Mai geboren.<br>My daughter was born in May. |
| | *Seasons* | **Im** Herbst fahren wir immer zum Wandern in die Alpen.<br>In the autumn we always go hiking in the Alps. |

102 Prepositions

## Prepositions of time 3.2

| | | |
|---|---|---|
| | *Centuries* | J. W. Goethe ist im 18. Jahrhundert geboren.<br>J. W. Goethe was born in the 18th century. |
| | *Decades* | Ich habe in den 70er Jahren studiert.<br>I went to university in the 70s. |
| | *In the future* | Warten Sie hier bitte. Ich bin in fünf Minuten zurück.<br>Wait here, please. I'll be back in five minutes. |
| **um +** *accusative* | *Exact time* | Unser Zug fährt um 13.24 Uhr.<br>Our train leaves at 13.24. |
| | *Approximate time (year)* | J. W. Goethe ist so um 1750 geboren.<br>J. W. Goethe was born around 1750. |
| **gegen +** *accusative* | *Approximate time of day* | Ich komme gegen Mittag zurück.<br>I'll be back around midday. |
| | *Approximate time* | Wir treffen uns so gegen 20 Uhr.<br>We'll meet at around 8 p.m. |
| **vor +** *dative* | *Before sth. else* | Ich hole mir vor der Besprechung noch einen Kaffee.<br>I'll get myself another coffee before the meeting. |
| **nach +** *dative* | *After sth. else* | Kommen Sie doch nach der Arbeit zu mir!<br>Come around to my place after work. |
| **aus +** *dative* | *Historical source* | Dieses Bild ist aus dem 19. Jahrhundert.<br>This picture is from the 19th century. |

## 3.2 Prepositions of time

| Length of time | | |
|---|---|---|
| **ab** + *dative* = **von ... an** + *dative* | *Beginning in the present/future* | **Ab** Montag habe ich Urlaub.<br>**Von** Montag **an** habe ich Urlaub.<br>From Monday on I'm on holiday. |
| **seit** + *dative* | *Began in the past, still going on now* | Er lernt **seit** einem Jahr Deutsch.<br>He's been learning German for a year. |
| **von** + *dative* **... bis** | *From beginning to end* | **Von** Montag **bis** Samstag ist unser Büro geschlossen.<br>From Monday to Saturday our office is closed. |
| **zwischen** + *dative* | *From beginning to end* | **Zwischen** Weihnachten und Neujahr ist das Büro geschlossen.<br>Between Christmas and New Year the office is closed. |
| **in** + *dative* | *Approximate period of time* | **In** der letzten Zeit haben wir uns nur selten gesehen.<br>We've hardly seen each other recently. |
| **bei** + *dative* | *At the same time* | Lass uns doch **beim** Essen darüber sprechen.<br>*(usually with a nominalized verb)*<br>Let's talk about it over dinner/lunch. |
| **bis (zu)** + *dative* | *Until the end* | Wir bleiben noch **bis** (zum) Sonntag in Berlin.<br>We're staying in Berlin till Sunday. |

## Prepositions of time 3.2

| | | |
|---|---|---|
| **innerhalb +** *genitive* / **innerhalb von** + *dative* | *Within a definite period* | Meine Doktorarbeit muss innerhalb eines Jahres fertig sein. / Meine Doktorarbeit muss innerhalb von einem Jahr fertig sein.<br>My doctorate has to be finished within a year. |
| **außerhalb +** *genitive* | *Outside a period of time* | Außerhalb der Öffnungszeiten können Sie mich unter meiner Mobilnummer erreichen.<br>Outside opening hours you can get me on my mobile. |
| **über +** *accusative* | *Outside a period of time* | Wir fahren übers *(= über das)* Wochenende in die Berge.<br>We're going to the mountains over the weekend. |
| **während +** *genitive/ dative* | *During a definite period of time* | Während der Autofahrt erzählte sie mir von ihrer neuen Liebe.<br>During the car journey she told me all about her new romance. |
| **– / für +** *accusative* | *Period of time in the future* | Ich gehe _ zwei Jahre für meine Firma in die USA. Ich gehe für zwei Jahre für meine Firma in die USA.<br>I'm going to the USA for two years working for my firm. |

Prepositions

## 3.2 Prepositions of time

- Careful! Not to be confused. There are also adverbs of time.

| | |
|---|---|
| Question: *When?* <br> *Gestern* habe ich *Fritz* getroffen. <br> Yesterday I met Fritz. | bald, damals, dann, heutzutage, inzwischen, jetzt, nun, schließlich, vorhin, zuletzt / heute, morgen, gestern, übermorgen <br> negative: *nie, niemals ...* |
| Question: *How long?* <br> Ich werde dich *immer* lieben. <br> I will always love you. | immer, stets, lange, noch <br> negative: *nie, niemals* |
| Question: *How often?* <br> Ich gehe *oft* ins Kino. <br> I often go to the cinema. | häufig, manchmal, oft, selten / einmal, zweimal, dreimal ... |

# Test yourself!

## 8. Fragen und Antworten. Was passt zusammen?
**Match them up.**

1) In welchem Monat sind Sie geboren? [e]
2) Wie lange lernen Sie schon Spanisch? [ ]
3) Wann sind Sie nach Mexiko umgezogen? [ ]
4) Wann kommt Ihr Zug an? [ ]
5) Wann beginnst du mit deiner neuen Arbeit. [ ]
6) Wann hast du denn deinen Deutschkurs? [ ]

a. Um 18.37 Uhr.
b. 2007.
c. Am Vormittag.
d. Seit zwei Jahren.
e. Im April.
f. In einem Monat.

## 9. SMS-Nachrichten
**Complete the sentences.**

*am • nach • beim • bis • um • in*

1) Entschuldige bitte die Verspätung. Komme ____ zehn Minuten ☺
2) Papa, holst du mich bitte ____ der Schule ab? Also ____ 15.30 Uhr am Schultor? Danke ☺ Bussi
3) OK, dann treffen wir uns ____ Mittwoch. ____ dann.
4) Hey, lass uns doch nachher ____ Essen noch mal drüber reden. OK?

## 10. Welche Präposition passt?
**Circle the right preposition.**

1) Ich muss viel lernen. (In)/Vor zwei Wochen ist meine Prüfung.
2) Im/Am Morgen trinke ich meistens Tee.
3) Wir fahren mit dem Auto und kommen gegen/um Abend an.
4) Ich schicke Ihnen die fertigen Berichte innerhalb/während einer Woche, also spätestens ab/bis zum 25. 6.
5) Über/Während Weihnachten bleibt unser Büro geschlossen.
6) Am/Im Winter fahren wir für/während einen Monat nach Thailand.
7) Die Kirche ist von/aus dem 18. Jahrhundert.
8) Während/Bei des Unterrichts sollt ihr bitte nicht essen.

## 11. Einladung
**Complete the text.**

Liebe Isabel,

ich möchte Dich zu meiner Geburtstagsparty _____ 14. Mai _____ 19.30 Uhr bei mir zu Hause ganz herzlich einladen. _____ dem Essen gehen wir noch weg. Ich habe eine kleine Überraschung für Euch.
Bitte gebt mir _____ 7. Mai Bescheid, ob ihr kommen könnt.

Viele Grüße
Anna

## 12. Wochenendplanung
**Fill in the right preposition and, if necessary, the article.**

- Hast du Lust mit uns _____ (1) Wochenende wegzufahren?
- Im Prinzip gern, aber ich muss _____ (2) nächsten Donnerstag meine Präsentation fertig haben und _____ (3) Montag _____ (4) Donnerstag habe ich im Büro einen Termin _____ (5) dem anderen, sodass ich kaum Zeit dafür haben werde. Und zum Sport komme ich auch kaum mehr. Dabei kommen mir _____ (6) Joggen immer die besten Ideen.
- Das kann ich gut verstehen! Weißt du, ich habe meine kreativste Zeit immer morgens _____ (7) der Autofahrt ins Büro.

# 4. Sentence formation

**4.1   Questions** 110

**4.2   Main clauses** 111

**4.3   Subordinate clauses** 114
    4.3.1 *dass*-clauses 114
    *dass*
    4.3.2 Indirect questions 115
    *ob, wie, wann ...*
    4.3.3 Relative clauses 115
    *den, über die, wovon, wo, was ...*

**Test yourself!** 120

    4.3.4 Temporal clauses 124
    *als, wenn, während, bis, ...*
    4.3.5 Causative clauses 127
    *weil, da*
    4.3.6 Conditional clauses 127
    *wenn, falls*
    4.3.7 Clauses of purpose 128
    *damit, um ... zu*
    4.3.8 Concessive clauses 128
    *obwohl*
    4.3.9 Consecutive clauses 129
    *so dass, so ... dass, ohne ... zu*
    4.3.10 Subordinate clauses of manner 130
    *wie, als, je ... desto/umso*
    4.3.11 Adversative clauses 130
    *anstatt ... zu*

**4.4   Connecting clauses and sentences** 131

**Test yourself!** 132

## 4.1 Questions

### Usage

- There are different types of questions: with and without question words (interrogative particles).

| | |
|---|---|
| **Möchtest** du noch ein Stück Kuchen? * <br> Would you like another piece of cake? | *Yes/No-question* <br> → *verb comes first* |
| **Wann** beginnt der Film? <br> When does the film start? | *Question with interrogative particle* <br> → *verb comes second* |

*\* In commands (imperative sentences) the verb also comes first. (Komm bitte her!)*

# Main clauses   4.2

## Usage

- In a main clause the verb always comes second.

- If the verb has a second part (prefix, participle, infinitive), this always comes last in the sentence.

- The subject comes either first or immediately after the verb.

- All the other parts of a sentence can come in varying positions.

| Position 1 | Position 2 (conjugated verb) | Middle | | End |
|---|---|---|---|---|
| Wir | fahren | morgen | nach Hamburg. | |
| Morgen | fahren | wir | nach Hamburg. | |

We're going to Hamburg tomorrow.
Tomorrow we're going to Hamburg.

| Wir | sind | gestern | nach Hamburg | gefahren. |

We went to Hamburg yesterday.

| Unser Zug | fährt | um 14.36 Uhr | | ab. |

Our train leaves at 14.36.

| Im Juli | möchte | ich | nach Spanien | fahren. |

In July I'd like to go to Spain.

| Da es geregnet hat, | sind | wir nicht mehr | | spazieren gegangen. |

Because it rained we didn't go for a walk after all.

- Almost any part of a sentence can be placed at the beginning.

- Note: When a part of a sentence comes at the beginning, it is usually for the sake of emphasis.

Sentence formation

## 4.2 Main clauses

| Position 1 | | | |
|---|---|---|---|
| ***Normally the following parts of a sentence come at the beginning:*** | | | |
| *Noun* | Meine Mutter | hat mich gestern | besucht. |
| | My mother came to see me yesterday. | | |
| *Pronoun* | Sie | hat mich gestern | besucht. |
| | She came to see me yesterday. | | |
| *Adverb of time* | Gestern | hat mich meine Mutter | besucht. |
| | Yesterday my mother came to see me. | | |
| *Adverb* | Deshalb | hat mich meine Mutter | besucht. |
| | That's why my mother came to see me. | | |
| *Adverb of place (Where?)* | In Deutschland | habe ich viele Freunde. | |
| | In Germany I have many friends. | | |
| *Adverbial with preposition* | Aufgrund meiner Krankheit | konnte ich nicht | arbeiten. |
| | Due to my illness I wasn't able to work. | | |
| *Subordinate clause* | Wenn ich Zeit habe, | besuche ich euch. | |
| | If I have time, I'll come and see you. | | |

- Rule of thumb for the word order in the middle of a sentence: short before long.

112  Sentence formation

## Main clauses 4.2

- In other words:
  1) Pronouns before nouns.
  2) Order for nouns: nominative, dative, accusative
  3) Order for pronouns: nominative, accusative, dative
  4) Dative or accusative object usually before a prepositional object
  5) Order for adverbs usually: time (*When?*), cause (*Why?*), manner (*How?*), place/direction (*Where? Where to?*): TCMP
     (temporal, kausal, modal, lokal: te-ka-mo-lo)
  6) Additional phrases often come between two objects.

| **Middle of a sentence** | | | | |
|---|---|---|---|---|
| **1. Position** | **2. Position** | **Middle** | **End** | **Example of rule:** |
| Nina | hat | sich    ein neues Auto<br>(Pronoun)    (Nom.)<br>Nina has bought herself a new car. | gekauft. | 1) |
| Gestern | hat | Nina  ihrem Bruder  ihr Auto<br>(Nom.)   (Dative)      (Acc.)<br>Yesterday Nina lent her brother her car. | geliehen. | 2) |
| Gestern | hat | sie    ihm   ihr Auto<br>(Nom.) (Dative) (Acc.)<br>Yesterday she lent him her car. | geliehen. | 1) |
| Gestern | hat | sie   es   ihm<br>(Nom.) (Acc.) (Dative)<br>Yesterday she lent it him. | geliehen. | 3) |
| Letzte Woche | hat | sie ihrer Mutter eine Postkarte aus Polen<br>Last week she sent her mother a postcard from Poland. | geschickt. | 4) |
| Nina | ist | heute *(T)* wegen des schlechten Wetters *(C)* mit dem Auto *(M)* ins Büro *(P)*<br>Nina went to the office today by car because of the bad weather. | gefahren. | 5) |
| Sie | hat | ihrem Bruder gern bei der Hausaufgabe<br>She was happy to help her brother with his homework. | geholfen. | 6) |

Sentence formation

# 4.3 Subordinate clauses

- **Subordinate clauses** supplement and expand the information in the main clause. They don't occur in isolation, but always in combination with a main clause.*

*Exceptions occur in spoken language where subordinate clauses can occur on their own in dialogues.*

- Warum bist du denn zu spät gekommen?
- Why are you so late coming?
- ▲ Weil ich den Zug verpasst habe.
- ▲ Because I missed the train.

(= Ich bin zu spät gekommen, weil ich den Zug verpasst habe.)
I'm late because I missed the train.

## 4.3.1 *dass*-clauses

### Usage

„Nein, am Samstag habe ich leider keine Zeit."

"No, on Saturday unfortunately I don't have time."

„Peter sagt, dass er am Samstag leider keine Zeit hat."

"Peter says that on Saturday unfortunately he doesn't have time."

| | |
|---|---|
| Peter sagt, dass er am Samstag keine Zeit hat.<br>Peter says that on Saturday he doesn't have time. | *Often after verbs like say, mean, think* |
| Es ist wichtig, dass du ihn sofort anrufst.<br>It's important that you call him immediately. | *Often after non-personal expressions* |
| Ich bin so froh, dass er kommt!<br>I'm so glad that he's coming. | *Often after expressions with adjectives* |

Sentence formation

## 4.3.2 Indirect questions

### Questions without interrogative particle – Yes/No-questions → *ob*

| | |
|---|---|
| Kommst du auch zu Sylvias Party?<br>Are you coming to Sylvia's party, too? | *Direct question = verb comes at the beginning* |
| Hannah möchte wissen, ob du auch zu Sylvias Party kommst.<br>Hannah would like to know whether you're coming to Sylvia's party, too. | *Indirect question = ob + subordinate clause* |

### Questions with interrogative particle – W-questions

| | |
|---|---|
| Wie spät ist es?<br>Wann kommst du?<br>What time is it?<br>When are you coming? | *Direct question / W-question* |
| Monika möchte wissen, wie spät es ist.<br>Monika möchte wissen, wann du kommst.<br>Monika would like to know what time it is.<br>Monika would like to know when you're coming. | *Indirect question = interrogative particle (question word) + subordinate clause* |

## 4.3.3 Relative clauses

### Usage

- A relative clause is used to describe or provide additional information about someone or something.
- It can refer to a noun, a pronoun or a whole sentence.

## 4.3 Subordinate clauses

### Nouns

| Main clause | Main clause |
|---|---|
| Das ist meine Tochter Corinna. | Sie bereitet sich auf ihre Prüfung vor. |
| This is my daughter Corinna. | She's preparing for her exam. |

| Main clause | Subordinate clause |
|---|---|
| Das ist meine Tochter Corinna, | die sich gerade auf ihre Prüfung vorbereitet. |
| This my daughter Corinna | who is preparing for her exam at the moment. |

| Main clause | Main clause |
|---|---|
| Der Film heißt „Gran Torino". | Ich habe ihn gestern gesehen. |
| The film is called "Gran Torino". | I saw it yesterday. |

| Main clause (part 1) | Subordinate clause | Main clause (part 2) |
|---|---|---|
| Der Film, | den ich gestern gesehen habe, | heißt „Gran Torino". |
| The film | that I saw yesterday | is called "Gran Torino." |

### Whole sentences

| Main clause | Main clause |
|---|---|
| Endlich hat sie mich angerufen. | Darüber habe ich mich sehr gefreut. |
| At long last she phoned me. | I was very pleased about that. |

| Main clause | Subordinate clause |
|---|---|
| Endlich hat sie mich angerufen, | worüber ich mich sehr gefreut habe. |
| At last she phoned me, | which I was very pleased about. |

Sentence formation

## Subordinate clauses 4.3

### Forms

- Except for the dative plural and genitive, relative pronouns have the same forms as the definite article.

|      | Masculine | Feminine | Neuter | Plural |
|------|-----------|----------|--------|--------|
| Nom. | der       | die      | das    | die    |
| Acc. | den       | die      | das    | die    |
| Dat. | dem       | der      | dem    | denen  |
| Gen. | dessen    | deren    | dessen | deren  |

- 1. The gender (= masculine, feminine, neuter) and number (= singular, plural) of the *relative pronoun* is the same as the noun to which it refers.

- 2. The case (= nominative, accusative, dative, genitive) of the relative pronoun depends on what part of a sentence the relative pronoun is replacing: subject (= nominative)? object (= accusative or dative)? genitive attribute (genitive)?

|  | | Relative pronoun = nominative |
|---|---|---|
| | Das ist ... | |
| *Masculine* | ... der Mann, | der mich eingeladen hat. |
| *Feminine*  | ... die Frau, | die mich eingeladen hat. |
| *Neuter*    | ... das Mädchen, | das mich eingeladen hat. |
| *Plural*    | Das sind die Leute, | die mich eingeladen haben. |
| | That's the man/ woman/ girl ... | who invited me. |
| | Those are the people ... | |

Sentence formation

## 4.3 Subordinate clauses

### Relative pronoun = accusative

Das ist ...
- *Masculine* ... der Mann, den ich gestern kennen gelernt habe.
- *Feminine* ... die Frau, die ich gestern kennen gelernt habe.
- *Neuter* ... das Mädchen, das ich gestern kennen gelernt habe.
- *Plural* Das sind die Leute, die ich gestern kennen gelernt habe.

That's the man/woman/girl ... whom I met yesterday.
Those are the people ...

### Relative pronoun = dative

Das ist ...
- *Masculine* ... der Mann, dem ich mein Auto geliehen habe.
- *Feminine* ... die Frau, der ich mein Auto geliehen habe.
- *Neuter* ... das Mädchen, dem ich mein Auto geliehen habe.
- *Plural* Das sind die Leute, denen ich mein Auto geliehen habe.

That's the man/woman/girl ... to whom I lent my car.
Those are the people ...

### Relative pronoun = genitive

Das ist ...
- *Masculine* ... der Mann, dessen Auto mir so gut gefällt.
- *Feminine* ... die Frau, deren Auto mir so gut gefällt.
- *Neuter* ... das Mädchen, dessen Auto mir so gut gefällt.
- *Plural* Das sind die Leute, deren Auto mir so gut gefällt.

That's the man/woman/girl ... whose car I like so much.
Those are the people ...

## Subordinate clauses 4.3

- 3. In relative clauses with prepositional verbs, the case of the relative pronoun depends on the preposition.

| Word to which the relative refers = person, thing | | Verb + preposition |
|---|---|---|
| Das ist … | | |
| … der Mann, | über den wir gesprochen haben. | sprechen über + *accusative* |
| … die Frau, | über die wir gesprochen haben. | |
| … das Kind, | über das wir gesprochen haben. | |
| Das sind die Leute, | über die wir gesprochen haben. | |
| That's the man/woman/child … Those are the people … | we were talking about. | |
| Das ist doch der Kurs, | an dem du auch teilnehmen wolltest, oder? | teilnehmen an + *dative* |
| That's the course | you wanted to take part in, isn't it? | |

| Word to which the relative refers = theme/subject matter | | Verb + preposition |
|---|---|---|
| Endlich hat sie angerufen, | worüber ich mich sehr gefreut habe. | sich freuen über |
| At last she phoned me, | which I was very pleased about. | |

Sentence formation

## 4.3 Subordinate clauses

● 4. Relative pronouns *wo, was*.

| **wo** | |
|---|---|
| **In Berlin, wo ich acht Jahre gelebt habe, habe ich noch viele Freunde.**<br>In Berlin, where I lived for eight years,<br>I still have a lot of friends. | *City, country* |
| **Deine Schlüssel sind natürlich dort, wo du sie zuletzt hingelegt hast.**<br>Your keys are there where you last left them,<br>of course. | *Adverbs of place* |

| **was** | |
|---|---|
| **Das ist alles, was ich zu diesem Thema weiß.**<br>That's all that I know on the subject. | *After:* alles, nichts, etwas, vieles, das |

## Test yourself!

### 1. Ausflug am Sonntag
**Put the underlined parts at the beginning of the sentence.**

1) Ich bin <u>letzten Sonntag</u> früh aufgestanden.
2) Meine Freundin und ich haben uns <u>um 9 Uhr</u> am Bahnhof getroffen.
3) Wir sind <u>dann</u> mit dem Zug an den Chiemsee gefahren.
4) Wir haben zuerst in einem schönen Cafe gefrühstückt, <u>da es noch zu kalt zum Schwimmen war</u>.
5) Wir sind <u>danach</u> zum See gegangen.
6) Wir haben uns <u>dort</u> einen schönen Platz zum Baden gesucht.
7) Wir sind <u>am Abend</u> erst sehr spät nach München zurückgefahren.

## 2. Urlaub in Skandinavien?
**Make clauses with *dass*.**

1) Franz: Wandern in Finnland ist super!
   Franz findet, dass  Wandern in Finnland super ist .
2) Judith: Dort gibt es doch so viele Mücken.
   Judith hat gehört, _____.
3) Lena: Urlaub in Skandinavien ist zu teuer.
   Lena ist der Meinung, _____.
4) Simon: Ich finde die Schweden sehr freundlich.
   Simon sagt, _____.
5) Barbara: Ich will im Urlaub lieber in den Süden fahren.
   Barbara meint, _____.


## 3. Bilden Sie Sätze.
**Form sentences. Begin with the underlined words.**

1) morgen – fahren – <u>Wir</u> – in die Berge.
2) hat – <u>Letzte Woche</u> – er – einen schönen Blumenstrauß – geschenkt – ihr
3) fährt – jeden Abend – nach Hause – mit dem Bus – <u>Sie</u>
4) hat – geliehen – mir – ihre Kamera – <u>Meine Freundin</u>
5) gehe – am Samstagabend – ins Kino – <u>Ich</u> – gern
6) <u>Wir</u> – kaufen ein – einmal pro Woche – im Supermarkt
7) immer – gehe – zum Sport – ich – <u>Am Freitag</u> – mit meinem Freund
8) morgen – <u>Ich</u> – eine E-Mail – dir – schicke

## T — Test yourself!

### 4. Als Tourist unterwegs
**Complete the sentences.**

1) Wo ist hier die Touristeninformation?
   Können Sie mir bitte sagen, <u>wo hier die Touristeninformation ist?</u>

2) Darf man hier parken?
   Wissen Sie, _____?

3) _____?
   Entschuldigung! Darf ich Sie fragen, ob es hier in der Nähe eine Bäckerei gibt?

4) _____?
   Wissen Sie, wann der nächste Bus ins Zentrum fährt?

5) Gibt es in diesem Hotel ein Schwimmbad?
   Können Sie mir sagen, _____?

6) Bis wie viel Uhr gibt es Frühstück?
   Darf ich Sie fragen, _____?

### 5. Urlaubsfotos
**Fill in the correct relative pronoun.**

Weißt du, wer das ist?

1) Das ist doch die Frau, _____ immer so große Hüte getragen hat.

2) Das ist der Junge, _____ ich immer mein Fahrrad geliehen habe.

3) Das ist doch die süße kleine Katze, _____ wir immer ein bisschen Wurst gegeben haben.

4) Das sind die zwei Brüder, _____ neben uns gewohnt haben.

5) Das ist doch die kleine Tochter der Nachbarin, _____ unsere Mutter oft ein Eis gekauft hat.

6) Und das sind die zwei gutaussehenden Barkeeper, _____ uns manchmal auf einen Drink eingeladen haben.

Sentence formation

## Test yourself!

### 6. Wer ist ...?
**Fill in the correct relative pronoun.**

Wer ist die Frau,
1) _____ dort drüben steht?
2) mit _____ Anna gerade spricht?
3) _____ du so lange E-Mails schreibst?
4) an _____ du ständig denkst?

Wer ist der Junge,
5) mit _____ du dich heute Abend verabredet hast?
6) _____ du dauernd bei den Hausaufgaben hilfst?
7) _____ jeden Tag bei uns anruft?
8) _____ ich auf dem Foto gesehen habe?

Wer sind die Leute,
9) _____ du fast jeden Abend triffst?
10) _____ du so tolle Sachen schenkst?
11) über _____ du dich so aufregst?
12) mit _____ Johannes sich gerade unterhält?

### 7. Verschiedenes
**Complete the sentences.**

1) Das ist alles, _____ ich Ihnen sagen kann.
2) In Shanghai, _____ ich geboren bin, habe ich nur ein halbes Jahr gelebt.
3) Nina hat sich eigentlich gar nicht verändert, _____ mich sehr erstaunt hat.
4) Schulkinder, _____ Eltern ganztags arbeiten, können in die Nachmittagsbetreuung gehen.
5) Endlich hat er die Fahrprüfung bestanden, _____ wir uns alle sehr gefreut haben.
6) Schau, ich habe dir ein Foto von dem Dorf mitgebracht, _____ wir immer Urlaub machen.
7) Das ist das Tollste, _____ ich je erlebt habe!
8) Ich würde nie ein Auto kaufen, _____ Farbe mir nicht gefällt.
9) Gibt es denn nichts, _____ du dich freust?
10) Mich hat niemand im Krankenhaus besucht, _____ ich sehr schade fand.

## 4.3.4 Temporal clauses (Subordinate clauses of time)

- Temporal clauses are linked to main clauses by connecting words called conjunctions. They can refer to actions and events that take place simultaneously or at different times.

| Temporal clauses | |
|---|---|
| **Simultaneous actions** | **Non-simultaneous actions** |
| als<br>wenn<br>während<br>seit/seitdem<br>bis | bevor<br>nachdem<br>sobald |

### Usage

| | | |
|---|---|---|
| als | ● Warst du schon einmal in Kalifornien?<br>▲ Ja, als ich noch zur Schule ging, war ich ein Jahr als Austauschschülerin in San Diego.<br>● Have you ever been to California?<br>▲ Yes, when I was at school, I was an exchange student for a year in San Diego. | *Only for single actions or events in the past where there is no regular repetition* |
| wenn | ● Bring doch bitte noch etwas zu trinken mit, wenn du kommst.<br>▲ Ja, mach' ich.<br>● Please bring something to drink when you come.<br>▲ OK. Will do. | *Present and future actions or events* |
| | ● Hat euch eure Großmutter auch jedes Mal Süßigkeiten mitgebracht, wenn sie zu Besuch gekommen ist?<br>▲ Ja, immer.<br>● Did your grandmother always bring sweets with her when(ever) she came to visit?<br>▲ Yes, always. | *Repeated actions or events in the past* |

## Subordinate clauses 4.3

| | | |
|---|---|---|
| **während** | ● Könntest du bitte schon die Taschen ins Haus tragen, während ich einen Parkplatz suche?<br>▲ Na klar.<br>● Could you take the bags into the house, please, while I look for somewhere to park?<br>▲ Of course. | *Two actions or events that take place simultaneously* |
| **seit/ seitdem** | ● Wie geht es Nina?<br>▲ Seit(dem) sie die neue Arbeit hat, geht es ihr viel besser.<br>● How is Nina getting on?<br>▲ Since she got her new job, she's much better. | *From the beginning of a period of time onwards* |
| **bis** | ● Wartet hier bitte, bis ich zurückkomme.<br>▲ O. K.<br>● Wait here, please, until I get back.<br>▲ OK. | *Up to the end of a period of time* |
| **bevor** | ● Wir könnten uns doch morgen treffen?<br>▲ Tut mir leid, aber ich habe keine Zeit. Ich muss noch so viel erledigen, bevor ich in Urlaub fahre.<br>● We could meet up tomorrow?<br>▲ Sorry, but I don't have the time. I still have so much to do before I go on holiday. | *Action in the subordinate clause lies <u>ahead</u> of the action in the main clause in time. Tenses in both clauses the same.* |
| **nachdem** | ● Was machst du jetzt noch?<br>▲ Nichts Besonderes. Nachdem* ich die Küche aufgeräumt habe, gehe ich ins Bett.<br>● What have you still got to do?<br>▲ Nothing special. After I've tidied up the kitchen, I'm going to bed. | *Action in the subordinate clause occurs <u>before</u> the action in the main clause. Tense in main clause: present. Tense in subordinate clause: perfect.* |

\* wenn *is often used here as well.*

Sentence formation    125

## 4.3 Subordinate clauses

- ● Was habt ihr denn gestern noch gemacht?
- ▲ Ach nichts. **Nachdem** wir die Wohnung aufgeräumt hatten, gingen wir gleich ins Bett. / sind wir gleich ins Bett gegangen.
- ● What did you do then yesterday?
- ▲ Oh, nothing. After we'd tidied up the flat, we went straight to bed.

*Tense in main clause: past simple / imperfect (in spoken language usually perfect). Tense in subordinate clause: past perfect*

**sobald**
- ● Kommst du mit?
- ▲ Ja gern, Ich muss nur noch auf Anna warten. **Sobald** sie da ist, fahren wir los.
- ● Do you want to come with us?
- ▲ Yes, I'd love to. I just have to wait for Anna. As soon as she gets here, we can go.

*Action in the main clause follows the action in the subordinate clause <u>immediately</u>. Tense in both clauses usually the same*

Sentence formation

# Subordinate clauses 4.3

## 4.3.5 Causative clauses

**weil**
- ● Warum warst du denn gestern Abend nicht beim Volleyball?
- ▲ **Weil** ich krank war.
- ● Why didn't you come to volleyball yesterday evening?
- ▲ Because I was ill.

*Answer to the question: Why?*

**da**
- ● Und was machen Sie morgen?
- ▲ Ich weiß es noch nicht. **Da** das Wetter schlecht ist, bleibe ich wahrscheinlich zu Hause.
- ● And what are you doing tomorrow?
- ▲ I don't know yet. As the weather is bad, I'll probably stay at home.

*At the begining of a sentence da is better style than weil. Da is used for reasons that are common knowledge.*

## 4.3.6 Conditional clauses

**wenn**
- ● Kommt ihr am Wochenende mit zum Skifahren?
- ▲ **Wenn** Anna Zeit hat, kommen wir gern mit.
- ● Are you coming skiing with us at the weekend?
- ▲ If Anna has time, we'd love to come.

*Conditions*

**falls**
- ● Möchten Sie morgen Abend mit uns in die Oper gehen?
- ▲ Gern, **falls** es überhaupt noch Karten gibt.
- ● Would you like to go to the opera with us tomorrow evening?
- ▲ I'd love to if there are any tickets left.

*Condition, a little uncertain*

Sentence formation

## 4.3 Subordinate clauses

### 4.3.7 Clauses of purpose

**um ... zu**
- Warum sind Sie denn in Deutschland?
- Ich bin in Deutschland, damit ich mein Deutsch verbessere.
  Better style:
- um mein Deutsch zu verbessern.
- Why have you come to Germany?
- I've come to Germany so I can improve my German.

*Intention, purpose. If the subject in both clauses is the same, it's better style to use* um ... zu.

**damit**
- Kannst du mich bitte morgen früh wecken, damit ich nicht verschlafe?
- Ja, aber hast du denn keinen Wecker?
- Can you wake me tomorrow morning so I don't oversleep?
- Yes, but haven't you got an alarm clock?

*Intention, purpose. When the subject of each clause is different, only* damit *is possible.*

### 4.3.8 Concessive clauses

**obwohl**
- Obwohl ich mich so beeilt habe, bin ich zu spät zum Flughafen gekommen.
- Und? Hast du deinen Flug verpasst?
- Although I went as fast as I could, I got to the airport too late.
- Did you miss your flight then?

*Contradiction*

## 4.3.9 Consecutive clauses

| | | |
|---|---|---|
| **sodass** | ● Bist du gestern noch mit deinem neuen Kollegen ausgegangen?<br>▲ Nein, wir hatten einen sehr anstrengenden Tag, sodass wir sehr müde waren und direkt nach Hause gefahren sind.<br>● Did you go out with your new colleague yesterday?<br>▲ No, we had a hard day, so we were very tired and went straight home. | *Consequence* |
| **so ..., dass** | ● Und, wie war der Film?<br>▲ Ach, der war so schön, dass ich ihn mir sicher noch einmal ansehe.<br>● What was the film like then?<br>▲ Oh, it was so good that I'll go and see it again for sure. | *Consequence (emphasis on the adjective)* |
| **ohne ... zu** | ● Er ist einfach weggefahren, ohne sich von mir zu verabschieden.<br>▲ Das finde ich aber ziemlich unhöflich!<br>● He just drove off without saying goodbye.<br>▲ I think that's rather rude! | *Consequence (with a negative expression)* |

Sentence formation

## 4.3.10 Subordinate clauses of manner

**so, (...) wie**
- Und, wie war Ihr Hotel?
- Sehr gut. Alles war so, wie wir es erwartet hatten.
- What was your hotel like then?
- Very good. Everything was just as we'd expected.

*Concurrence between reality and expectation*

---

**als**
*(+ comparative)*
- Wie war denn der Film?
- Er war besser, als ich erwartet hatte.
- What was the film like then?
- It was better than I'd expected.

*Difference between reality and expectation*

---

**je ... desto/ umso**
- Warum bist du denn so müde? Schläfst du nicht genug?
- Doch schon. Je mehr ich schlafe, desto/umso müder bin ich.
- Why are you so tired? Don't you get enough sleep?
- Oh, yes, I do. But the more I sleep, the more tired I get.

*Subordinate clause: je + comparative Main clause: desto/umso + comparative*

## 4.3.11 Adversative clauses

**(an)statt ... zu**
- Kannst du mir nicht ein bisschen helfen, (an)statt dauernd nur am PC zu spielen?
- Ist gut.
- Can't you help me a bit instead of playing on your PC all the time?
- OK.

*Contrary to expectation*

Sentence formation

## Connecting clauses and sentences — 4.4

- **Connectors** and **linkers** (conjunctions) are used to combine a main clause with a subordinate clause or a main clause with another main clause.

|  | *Main clause* Position 0 | Main clause Position 1 or 3 | Subordinate clause Verb at the end |
|---|---|---|---|
| *Temporal (Time)* |  | zuerst, dann, danach, später, schließlich, zuletzt | als, wenn, während, seit(dem), bis, bevor, nachdem, sobald |
| *Causative (Reason/Cause)* | denn | deshalb, deswegen, daher, darum | weil, da |
| *Conditional* |  |  | wenn, falls |
| *Purpose/ Intention* |  |  | um ... zu, damit |
| *Concessive (Contradiction)* |  | trotzdem, dennoch | obwohl |
| *Consecutive (Result, consequence)* |  | also | sodass, so ... dass, ohne ... zu |
| *Manner* |  |  | wie, als, je *(+SC)* ... desto *(+MC)* |
| *Adversative (Limitation)* | aber, sondern | jedoch | (an)statt ... zu |
| *Others* | und, oder |  |  |

Sentence formation

# Test yourself!

## 8. *Wenn* oder *als*?
**Mark the correct conjunction with a cross.**

1) Sie hat mich jedes Mal angerufen, ○ als / ⊗ wenn sie in Deutschland war.
2) Ich habe gerade geduscht, ○ als / ○ wenn sie angerufen hat.
3) Wir haben immer in demselben Hotel gewohnt, ○ als / ○ wenn wir in London waren.
4) Ich war total begeistert, ○ als / ○ wenn ich zum ersten Mal in Australien war.
5) Ich habe mich immer sehr gefreut, ○ als / ○ wenn meine Großeltern zu Besuch gekommen sind.
6) Er war noch nicht mit dem Kochen fertig, ○ als / ○ wenn die Gäste kamen.

## 9. Kindheitserinnerungen
**Circle the correct conjunction.**

Als / Wenn (1) ich ein Kind war, lebten wir in einem kleinen Dorf am See. Als / Wenn (2) das Wetter schön war, trafen wir Kinder uns am Nachmittag immer draußen zum Spielen. Am Abend, als / wenn (3) es dunkel wurde, mussten wir nach Hause gehen. Als / Wenn (4) meine großen Brüder nachmittags Zeit hatten, haben sie immer mit uns Fußball gespielt. Als / Wenn (5) ich dann 16 Jahre alt war, habe ich selbst auch oft mit den kleinen Jungen aus der Nachbarschaft Fußball gespielt.

## 10. Deutsch lernen in Wien
**Complete the text.**

> bevor • nachdem • da • seitdem • bis

_Seitdem_ (1) ich 16 Jahre alt bin, lerne ich Deutsch. _____ (2) ich meine Schulzeit beendet hatte, wollte ich nicht gleich an die Uni gehen, um zu studieren. Deshalb schlugen meine Eltern mir vor, ein Jahr ins Ausland zu gehen und eine Fremdsprache so gut zu lernen, _____ (3) ich sie wirklich gut sprechen konnte. _____ (4) ich mich für eine Stadt entschied, sprach ich mit einer Freundin, die schon öfters in Deutschland und Österreich war. Sie gab mir den Rat, das Jahr in Wien zu verbringen, _____ (5) es eine sehr schöne und interessante Stadt ist.


## 11. Ein Morgen mit Daniel und Max
**Combine the sentence halves.**

1) Max steht immer sofort auf,  
2) Daniel schläft immer bis Mittag,  
3) Max liest immer Zeitung,  
4) Daniel geht zur Schule,  
5) Max trinkt morgens viel Kaffee,  
6) Daniel liest jeden Morgen seine E-Mails,  

a) wenn er keine Schule hat.  
b) bevor er aus dem Haus geht.  
c) um wach zu werden.  
d) sobald sein Wecker klingelt.  
e) während er frühstückt.  
f) ohne vorher zu frühstücken.

# Test yourself!

## 12. Sport
**Make subordinate clauses with *während, nachdem, obwohl, statt ... zu, weil*.**

1) Andreas treibt viel Sport. Er möchte fit bleiben.

2) Lisa hat keine Lust auf Sport. Ihr Arzt hat es ihr empfohlen.

3) Jutta liest Zeitschriften. Sie sitzt auf dem Hometrainer und fährt Rad.

4) Isabel joggt eine halbe Stunde. Danach macht sie sich einen großen Salat.

5) Hans liegt abends lieber faul auf dem Sofa. Er treibt keinen Sport.


## 13. Was passt wo?
**Fill in *um ... zu, damit, sodass, ohne ... zu, je ... desto, als, falls, wie*.**

1) Gestern hat es den ganzen Tag geregnet, _____ ich lieber zu Hause geblieben bin.

2) In Deutschland war das Essen besser, _____ ich es erwartet habe.

3) _____ später ich abends esse, _____ schlechter schlafe ich nachts.

4) Sie möchte noch einmal studieren, _____ eine besser bezahlte Arbeit _____ finden.

5) Ich gehe morgens nie aus dem Haus, _____ _____ frühstücken.

6) Dieses Restaurant ist nicht so gut, _____ ich gedacht habe.

7) Ich besuche meine Nachbarin im Krankenhaus, _____ sie sich nicht so allein fühlt.

8) _____ es morgen nicht regnet, fahre ich mit euch an den See.

# Verb tables

## Principal parts: a reference list
The base forms of all A1, A2 and B1 verbs in alphabetical order

| Infinitive | Present | Past simple / Imperfect | Perfect |
|---|---|---|---|
| | er, sie … | er, sie … | er, sie … |
| backen | bäckt | backte | hat gebacken |
| beginnen | | begann | hat begonnen |
| betrügen | | betrog | hat betrogen |
| beweisen | | bewies | hat bewiesen |
| bewerben | bewirbt | bewarb | hat beworben |
| bieten | | bot | hat geboten |
| binden | | band | hat gebunden |
| bitten | | bat | hat gebeten |
| bleiben | | blieb | ist geblieben |
| braten | brät | briet | hat gebraten |
| brechen | bricht | brach | hat gebrochen |
| brennen | | brannte | hat gebrannt |
| bringen | | brachte | hat gebracht |
| denken | | dachte | hat gedacht |
| dürfen | darf | durfte | hat gedurft / hat dürfen |
| empfehlen | empfiehlt | empfahl | hat empfohlen |
| erschrecken | erschrickt | erschrak | ist erschrocken |
| essen | isst | aß | hat gegessen |
| fahren | fährt | fuhr | ist gefahren |
| fallen | fällt | fiel | ist gefallen |
| fangen | fängt | fing | hat gefangen |
| finden | | fand | hat gefunden |
| fliegen | | flog | ist/hat geflogen |
| fließen | | floss | ist geflossen |
| fressen | frisst | fraß | hat gefressen |
| frieren | | fror | hat gefroren |
| geben | gibt | gab | hat gegeben |
| gehen | | ging | ist gegangen |
| gelingen | | gelang | ist gelungen |
| gelten | gilt | galt | hat gegolten |
| geschehen | geschieht | geschah | ist geschehen |
| gewinnen | | gewann | hat gewonnen |
| haben | | hatte | hat gehabt |

| Infinitive | Present | Past simple / Imperfect | Perfect |
|---|---|---|---|
| | er, sie ... | er, sie ... | er, sie ... |
| halten | hält | hielt | hat gehalten |
| hängen | | hing | hat gehangen |
| heben | | hob | hat gehoben |
| heißen | | hieß | hat geheißen |
| helfen | hilft | half | hat geholfen |
| kennen | | kannte | hat gekannt |
| kommen | | kam | ist gekommen |
| können | kann | konnte | hat gekonnt / hat können |
| laden | lädt | lud | hat geladen |
| lassen | lässt | ließ | hat gelassen |
| laufen | läuft | lief | ist gelaufen |
| leiden | | litt | hat gelitten |
| leihen | | lieh | hat geliehen |
| lesen | liest | las | hat gelesen |
| liegen | | lag | ist/hat gelegen |
| lügen | | log | hat gelogen |
| messen | misst | maß | hat gemessen |
| mögen | mag | mochte | hat gemocht |
| müssen | muss | musste | hat gemusst / hat müssen |
| nehmen | nimmt | nahm | hat genommen |
| nennen | | nannte | hat genannt |
| raten | rät | riet | hat geraten |
| rennen | | rannte | ist gerannt |
| riechen | | roch | hat gerochen |
| rufen | | rief | hat gerufen |
| scheiden | | schied | hat geschieden |
| scheinen | | schien | hat geschienen |
| schieben | | schob | hat geschoben |
| schlafen | schläft | schlief | hat geschlafen |
| schlagen | schlägt | schlug | hat geschlagen |
| schließen | | schloss | hat geschlossen |
| schneiden | | schnitt | hat geschnitten |
| schreiben | | schrieb | hat geschrieben |
| schreien | | schrie | hat geschrieen |

| Infinitive | Present | Past simple / Imperfect | Perfect |
|---|---|---|---|
| | *er, sie ...* | *er, sie ...* | *er, sie ...* |
| schweigen | | schwieg | hat geschwiegen |
| schwimmen | | schwamm | ist geschwommen |
| sehen | sieht | sah | hat gesehen |
| sein | ist | war | ist gewesen |
| senden | | sandte/sendete | hat gesandt/gesendet |
| singen | | sang | hat gesungen |
| sinken | | sank | ist gesunken |
| sitzen | | saß | ist/hat gesessen |
| sprechen | spricht | sprach | hat gesprochen |
| springen | | sprang | ist gesprungen |
| stehen | | stand | ist/hat gestanden |
| stehlen | stiehlt | stahl | hat gestohlen |
| steigen | | stieg | ist gestiegen |
| sterben | stirbt | starb | ist gestorben |
| stinken | | stank | hat gestunken |
| streiten | | stritt | hat gestritten |
| tragen | trägt | trug | hat getragen |
| treffen | trifft | traf | hat getroffen |
| treiben | | trieb | hat getrieben |
| treten | tritt | trat | hat getreten |
| trinken | | trank | hat getrunken |
| tun | | tat | hat getan |
| überweisen | | überwies | hat überwiesen |
| vergessen | vergisst | vergaß | hat vergessen |
| vergleichen | | verglich | hat verglichen |
| verlieren | | verlor | hat verloren |
| verzeihen | | verzieh | hat verziehen |
| wachsen | wächst | wuchs | ist gewachsen |
| waschen | wäscht | wusch | hat gewaschen |
| werden | wird | wurde | ist geworden |
| werfen | wirft | warf | hat geworfen |
| wiegen | | wog | hat gewogen |
| wissen | weiß | wusste | hat gewusst |
| ziehen | | zog | hat gezogen |
| zwingen | | zwang | hat gezwungen |

## Verbs with a main vowel change

A1, A2 and B1 verbs in order of their vowel change:

| Infinitive | Past simple / Imperfect | Perfect |
|---|---|---|
| **i** | **a** | **u** |
| binden | band | hat gebunden |
| finden | fand | hat gefunden |
| gelingen | gelang | ist gelungen |
| singen | sang | hat gesungen |
| sinken | sank | ist gesunken |
| springen | sprang | ist gesprungen |
| stinken | stank | hat gestunken |
| trinken | trank | hat getrunken |
| zwingen | zwang | hat gezwungen |
| **ie** | **o** | **o** |
| bieten | bot | hat geboten |
| fliegen | flog | ist/hat geflogen |
| fließen | floss | ist geflossen |
| frieren | fror | hat gefroren |
| riechen | roch | hat gerochen |
| schieben | schob | hat geschoben |
| schließen | schloss | hat geschlossen |
| verlieren | verlor | hat verloren |
| wiegen | wog | hat gewogen |
| ziehen | zog | hat gezogen |
| **ei** | **ie** | **ie** |
| beweisen | bewies | hat bewiesen |
| bleiben | blieb | ist geblieben |
| heißen | hieß | hat geheißen |
| leihen | lieh | hat geliehen |
| scheiden | schied | hat geschieden |
| scheinen | schien | hat geschienen |
| schreiben | schrieb | hat geschrieben |
| schreien | schrie | hat geschrien |

## Verb tables

| Infinitive | Past simple / Imperfect | Perfect |
|---|---|---|
| **ei** | **ie** | **ie** |
| schweigen | schwieg | hat geschwiegen |
| steigen | stieg | ist gestiegen |
| treiben | trieb | hat getrieben |
| überweisen | überwies | hat überwiesen |
| verzeihen | verzieh | hat verziehen |
| **ei** | **i** | **i** |
| leiden | litt | hat gelitten |
| schneiden | schnitt | hat geschnitten |
| streiten | stritt | hat gestritten |
| vergleichen | verglich | hat verglichen |
| **e** | **a** | **o** |
| bewerben | bewarb | hat beworben |
| brechen | brach | hat gebrochen |
| empfehlen | empfahl | hat empfohlen |
| erschrecken | erschrak | hat erschrocken |
| gelten | galt | hat gegolten |
| helfen | half | hat geholfen |
| nehmen | nahm | hat genommen |
| sprechen | sprach | hat gesprochen |
| stehlen | stahl | hat gestohlen |
| sterben | starb | ist gestorben |
| treffen | traf | hat getroffen |
| werfen | warf | hat geworfen |
| **i** | **a** | **o** |
| beginnen | begann | hat begonnen |
| gewinnen | gewann | hat gewonnen |
| schwimmen | schwamm | ist/hat geschwommen |

# Verb tables

| Infinitive | Past simple / Imperfect | Perfect |
|---|---|---|
| **e** | **a** | **e** |
| essen | aß | hat gegessen |
| fressen | fraß | hat gefressen |
| geben | gab | hat gegeben |
| geschehen | geschah | ist geschehen |
| lesen | las | hat gelesen |
| messen | maß | hat gemessen |
| sehen | sah | hat gesehen |
| treten | trat | hat getreten |
| vergessen | vergaß | hat vergessen |
| **i** | **a** | **e** |
| bitten | bat | hat gebeten |
| liegen | lag | hat gelegen |
| sitzen | saß | ist/hat gesessen |
| **a** | **u** | **a** |
| fahren | fuhr | ist/hat gefahren |
| laden | lud | hat geladen |
| schlagen | schlug | hat geschlagen |
| tragen | trug | hat getragen |
| wachsen | wuchs | ist gewachsen |
| waschen | wusch | hat gewaschen |
| **a** | **ie/i** | **a** |
| braten | briet | hat gebraten |
| fallen | fiel | ist gefallen |
| fangen | fing | hat gefangen |
| hängen | hing | ist/hat gehangen |
| halten | hielt | hat gehalten |
| lassen | ließ | hat gelassen |
| raten | riet | hat geraten |
| schlafen | schlief | hat geschlafen |

## Verb tables

| Infinitive | Past simple / Imperfect | Perfect |
|---|---|---|
| **e/i** | **a** | **a** |
| brennen | brannte | hat gebrannt |
| bringen | brachte | hat gebracht |
| denken | dachte | hat gedacht |
| kennen | kannte | hat gekannt |
| nennen | nannte | hat genannt |
| rennen | rannte | ist gerannt |
| senden | sandte | hat gesandt |
| stehen | stand | ist/gestanden |
| **ü** | **u** | **u** |
| dürfen | durfte | hat gedurft/dürfen |
| müssen | musste | hat gemusst/müssen |
| **ö** | **o** | **o** |
| können | konnte | hat gekonnt/können |
| mögen | mochte | hat gemocht/mögen |

### Irregular forms

| | | |
|---|---|---|
| backen | backte | hat gebacken |
| betrügen | betrog | hat betrogen |
| gehen | ging | ist gegangen |
| haben | hatte | hat gehabt |
| heben | hob | hat gehoben |
| kommen | kam | ist gekommen |
| laufen | lief | ist gelaufen |
| lügen | log | hat gelogen |
| rufen | rief | hat gerufen |
| sein | war | ist gewesen |
| tun | tat | hat getan |
| werden | wurde | ist geworden |
| wissen | wusste | hat gewusst |

# PV Prepositional verbs

## List of the most important prepositional verbs

| durch, für, gegen, ohne, um | + accusative (A) |
| aus, bei, mit, nach, seit, von, zu | + dative (D) |

| | | | |
|---|---|---|---|
| abhängig sein | von | gratulieren | zu |
| es hängt ab | von | hoffen | auf + A |
| achten | auf + A | sich interessieren | für |
| anfangen | mit | sich konzentrieren | auf + A |
| sich ärgern | über + A | sich kümmern | um |
| aufhören | mit | lachen | über + A |
| aufpassen | auf + A | leiden | an + D / unter + D |
| sich aufregen | über + A | nachdenken | über + A |
| sich bedanken | bei/für | protestieren | gegen |
| beginnen | mit | schmecken | nach |
| sich beklagen | bei/über + A | schreiben | an + A / über + A |
| berichten | über + A | sorgen | für |
| sich beschäftigen | mit | sprechen | mit/über + A |
| sich beschweren | bei/über + A | streiken | für |
| sich bewerben | um | streiten | mit |
| jdn. bitten | um | sich streiten | um/über + A |
| jdm. danken | für | teilnehmen | an + D |
| denken | an + A / über + A | träumen | von |
| diskutieren | mit/über + A | jdn. überreden | zu |
| jdn. einladen | zu | jdn. überzeugen | von |
| sich entscheiden | für | sich unterhalten | mit/über + A |
| sich entschuldigen | bei/für | sich verabreden | mit |
| sich erholen | von | sich verlassen | auf + A |
| sich erinnern | an + A | sich verlieben | in + A |
| jdn. erinnern | an + A | etwas verstehen | von |
| sich erkundigen | bei/nach | sich vorbereiten | auf + A |
| erzählen | von | warten | auf + A |
| jdn. fragen | nach | sich wenden | an + A |
| sich freuen | auf + A / über + A | sich wundern | über + A |
| sich gewöhnen | an + A | zweifeln | an + D |

# Answer key

## 1. Verbs

**1.**
2) ist  3) ist  4) hat  5) sind  6) wird  7) wird/ist  8) werden  9) haben  10) habe

**2.**
1) bist, darf/kann, möchte, Kann, ist  2) Möchten, habe, Darf, haben, müssen  3) müssen, ist

**3.**
1) dürfen  2) Kannst  3) können  4) darf

**4.**
1) müssen  2) sollst  3) muss  4) Soll

**5.**
2) wurde  3) konnte  4) war  5) wollte  6) musste  7) hatte  8) waren  9) wollte  10) war  11) musste  12) wurde  13) konnte  14) musste  15) war  16) hatte  17) war

**6.**
1) liest, geht, bleibt, sieht fern, hat, heißt, isst
2) arbeitet, fährt, schläft, aufsteht, trifft

**7.**
*Perfect with* sein: gehen, aufwachen, fliegen, aussteigen, einschlafen, ankommen, wachsen, werden, laufen, gehen, fahren
*Perfect with* haben: bringen, vergessen, anrufen, essen, sprechen, arbeiten, fernsehen, schlafen, lesen, trinken

**8.**
haben gefunden, haben gelassen, sind gegangen, hat empfohlen, haben gegessen, hat geschmeckt, sind gelaufen, gefallen

**9. a)**
*Part 1:* kam, war, hatte, war, war, wurde
*Part 2:* bestand, bewarb, bekam, fand, zog um, waren
*Part 3:* begann, heirateten, bekamen, stritten

**9. b)**
2) wird sich (nicht) von Max trennen
3) werden ... ihr Leben lang zusammen bleiben / werden ... sich scheiden lassen

**10.**

2) einen Anruf von meinem Babysitter bekommen hatte  3) meinen Wohnungsschlüssel verloren hatte  4) mit ihrer Arbeit nicht fertig geworden war  5) es in meiner Tasche hatte ... nicht gehört habe *(Perf.!)*  6) nicht eingeladen hatte

**11.**

2) Er ärgert sich oft über seine Arbeitskollegen.  3) Ich ziehe mir noch eine Jacke an.  4) Du musst dich beeilen.  5) Wir unterhalten uns in der Pause.  6) Am Abend sehen sie sich oft einen Film auf DVD an.

**12.**

*Separable:* läuft weg, kommt her, steht auf, lädt ein, stellt ab, schließt zu, geht weiter, spielt mit, fährt zurück, kommt an
*Inseparable:* entscheidet, erzählt, missversteht, gefällt, vermutet, zerstört, begrüßt, empfiehlt

**13.**

2) Ruf bitte Oma an!  3) Wiederhol bitte die Englisch-Vokabeln!  4) Sieh tagsüber bitte nicht fern!  5) Hol bitte das Paket von der Post ab!  6) Bezahl bitte deine Handyrechnung!  7) Kauf bitte Getränke ein!

**14.**

2) an  3) an  4) mit  5) über  6) über  7) um  8) an, von

**15.**

zu, Darauf, über, Darüber, von, daran, darüber, an, über

**16.**

2) –  3) –  4) –  5) zu  6) zu  7) –  8) zu  9) zu  10) –

**17.**

2) Würden Sie bitte das Fenster zumachen?  3) Würdest du dich bitte beeilen?  4) Dürfte ich mir kurz Ihr Fahrrad leihen?  5) Würdest du bitte das Radio leiser machen?  6) Würden Sie mir bitte noch eine Cola bringen?

**18.**

2) a. Hätte ... mitgenommen  3) e. gemacht ... hätte  4) b. Hätte  5) c. Hätte ... gekauft

**19.**
1) gewinnen würde  2) würde kaufen  3) hätte  4) machen müsste
5) könnte liegen  6) hätte  7) würde fahren  8) würde treffen
9) einladen  10) wäre  11) gewinnen würde

**20.**
1) würde  2) solltest  3) wäre, würde  4) müsstest

**21. a)**
2) müssen für die nächste Woche bestellt werden.  3) müssen über den neuen Operationsplan informiert werden.  4) muss der Blutdruck dreimal täglich gemessen werden.  5) muss Blut abgenommen werden.  6) muss auf Station 7a gebracht werden.

**21. b)**
2) wurden bestellt. / sind bestellt worden.  3) wurden informiert. / sind informiert worden.  4) wurde der Blutdruck gemessen. / ist der Blutdruck gemessen worden.  5) wurde Blut angenommen. / ist Blut abgenommen worden.  6) wurde auf Station 7a gebracht. / ist auf Station 7a gebracht worden.

## 2. Nouns

**1.**
*der:* Morgen, Lehrling, Hund, Professor, Süden, Nachmittag, Winter
*die:* Figur, Vergangenheit, Hilfsbereitschaft, Stunde, Landschaft, Möglichkeit, Dame, Sprache, Meinung, Wolke
*das:* Auto, Kindlein, Veilchen, Brötchen, Mädchen

**2.**
2) Liebling  3) Mädchen  4) Sozialismus  5) Rose  6) Studentin
7) Blume  8) Schüler

**3.**

| | |
|---|---|
| –e / ⸚e: | Freund/Freunde, Tisch/Tische, Kuss/Küsse, Strand/Strände |
| – / ⸚: | Vater/Väter, Computer/Computer, Fenster/Fenster, Löffel/Löffel |
| –n / – (n)en: | Name/Namen, Verkäuferin/Verkäuferinnen, Adresse/Adressen, Krankenschwester/Krankenschwestern |
| –er / ⸚er: | Kind/Kinder, Bild/Bilder, Mann/Männer |
| –s: | Kino/Kinos, Sofa/Sofas, Auto/Autos, Team/Teams |

# Answer key

**4.**
n-*declension nouns:* Polizist, Name, Kommunist, Praktikant, Schwede, Student, Psychologe, Neffe, Franzose, Idealist, Assistent, Lieferant, Produzent, Kollege

**5.**
1) Haben Sie noch ein Doppelzimmer frei?
2) Wo ist denn Herr Bauer ?
3) Haben Sie Herrn Wu schon den Schlüssel gegeben?
4) Wo gibt es hier ein Internet-Cafe?
5) Ist die Chefin schon da?
6) Könnten Sie mir bitte kurz helfen?
7) Wohin haben Sie denn die Rechnung gelegt?
8) Gehört das Auto da draußen Ihnen?

**6.**
1) seiner Frau einen Ring  2) ihm eine  3) ein_ großes Fest
4) alle Gäste  5) viele Kuchen und Torten ... den Tisch  6) ein_ Lied
7) auf dem Klavier  8) den Großeltern

**7.**
1) die, die   2) –, Einen, –   3) der, –

**8.**
2) einen   3) –   4) –   5) diese   6) den

**9.**
1) d.   2) h.   3) f.   4) b.   6) a.   7) e.   8) g.   9) c.

**10.**
2) ihr(e)s   3) seine   4) deine   5) meine   6) unsere   7) eure

**11.**
2) klassische Musik  3) ein spannendes Fußballspiel  4) die deutschen Schriftsteller  5) langweilige Hausaufgaben  6) italienischen Kaffee
7) lustige Filme  8) spannende Hausaufgaben

**Answer key**

**12.**
1) Ruhige Ferienwohnung
Wunderschöne 2-Zimmer-Wohnung ... am romantischen Bodensee, nahe der alten und schönen Stadt Konstanz mit wunderbarem Blick ...
2) Wohnen auf dem Land
Ruhiges Haus ... an kinderreiche Familie ... Großer Garten, kleiner Balkon, zwei moderne Badezimmer und eine helle Küche ...

**13.**
1) kälter  2) gut, besser, älter  3) gern, lieber, am liebsten

**14.**
1) sie  2) dir, es  3) ihr, Wir  4) Sie, ihn  5) Ihnen, Ihnen
6) euch, ihr, uns, wir  7) Sie, mir  8) mir, sie, dir

**15.**
2) mich  3) ihn  4) mich  5) uns  6) ihm  7) mich  8) ihm  9) sie
10) ihm  11) Dir

**16.**
1) eine  3) keins  4) einer  5) welche  6) keins

**17.**
2) ihrs  3) eure, unsre  4) meine  5) meins  6) unseres

**18.**
2) Welches  3) Welches  4) Was für einen

**19.**
1) alles  2) nichts  3) jemand  4) etwas  5) man

## 3. Prepositions

**1.**
in die, auf, durch, in das, an der / an die

**2.**
1) zum, vom  2) im, ins, aus dem  3) in, nach, aus  4) am, an den, vom
5) im, ins, aus dem  6) in der, zur / in die, aus der  7) auf einer, auf eine, von einer  8) beim, zum, vom

# Answer key

**3.**
1) die  2) in den  3) ins / auf das  4) in den  5) in die  6) auf den

**4.**
2) ins  3) am  4) nach  5) in die  6) zu

**5.**
2) im  3) in der  4) auf dem  5) in einem  6) im  7) beim  8) auf

**6.**
2) Vor  3) Auf  4) unter  5) Neben  6) in  7) Zwischen  8) über  9) von

**7.**
1) aus der  2) bei  3) am  4) gegenüber  5) auf den  6) in die  7) am  8) entlang  9) nach  10) bei

**8.**
2) d.  3) b.  4) a.  5) f.  6) c.

**9.**
1) in  2) nach, um  3) am, Bis  4) beim

**10.**
2) Am  3) gegen  4) innerhalb, bis  5) Über  6) Im, für  7) aus  8) Während

**11.**
am, um, Nach, bis

**12.**
1) am  2) bis  3) von  4) bis  5) nach  6) beim  7) während

## 4. Sentence formation

**1.**
1) Letzten Sonntag bin ich...  2) Um 9 Uhr haben meine Freundin und ich ...  3) Dann sind wir ...  4) Da es noch zu kalt zum Schwimmen war, haben wir ...  5) Danach sind wir ...  6) Dort haben wir uns ...
7) Am Abend sind wir ...

**2.**
2) dass es dort viele Mücken gibt  3) dass Urlaub in Skandinavien zu teuer ist  4) dass er die Schweden sehr freundlich findet  5) dass sie im Urlaub lieber in den Süden fahren will

**Answer key**

**3.**
1) Wir fahren morgen in die Berge. 2) Letzte Woche hat er ihr einen schönen Blumenstrauß geschenkt. 3) Sie fährt jeden Abend mit dem Bus nach Hause. 4) Meine Freundin hat mir ihre Kamera geliehen. 5) Ich gehe am Samstagabend gern ins Kino. 6) Wir kaufen einmal pro Woche im Supermarkt ein. 7) Am Freitag gehe ich immer mit meinem Freund zum Sport. 8) Ich schicke dir morgen eine E-Mail.

**4.**
2) ob man hier parken darf 3) Gibt es hier in der Nähe eine Bäckerei 4) Wann fährt der nächste Bus ins Zentrum 5) ob es in diesem Hotel ein Schwimmbad gibt 6) bis wie viel Uhr es Frühstück gibt

**5.**
1) die 2) dem 3) der 4) die 5) der 6) die

**6.**
1) die 2) der 3) der 4) die 5) dem 6) dem 7) der 8) den 9) die 10) denen 11) die 12) denen

**7.**
1) was 2) wo 3) was 4) deren 5) worüber 6) in dem 7) was 8) dessen 9) worüber 10) was

**8.**
2) als 3) wenn 4) als 5) wenn 6) als

**9.**
2) Wenn 3) wenn 4) Wenn 5) Als

**10.**
2) Nachdem 3) bis 4) Bevor 5) da

**11.**
1) d. 2) a. 4) f. 5) c. 6) b.

**12.**
1) …, weil er fit bleiben möchte.
2) …, obwohl ihr Arzt es ihr empfohlen hat.
3) …, während sie auf dem Hometrainer Rad fährt.
4) Nachdem Isabel eine halbe Stunde gejoggt ist, macht sie sich einen großen Salat.
5) …, statt Sport zu treiben.

**13.**
1) sodass 2) als 3) Je … desto 4) um … zu 5) ohne zu 6) wie 7) damit 8) Falls

# Index

| | |
|---|---|
| *ab* | 91, 102, 104 |
| Accusative | 31, 62 |
| Active | 49 |
| Adjectives: declension | 71, 72 |
| Adverbs: place | 97 |
| Adverbs: time | 106 |
| *alles* | 82 |
| *als* | 75 |
| *als* | 124, 130 |
| *als ob* | 46 |
| *an* | 88, 93, 96, 102 |
| *(an)statt ... zu* | 130 |
| Articles | 58, 117 |
| Article: definite | 67, 68, 81 |
| Article: indefinite | 67, 68 |
| Article: negative | 68 |
| *auf* | 89, 94 |
| *aus* | 89, 90, 91, 97, 103 |
| *außerhalb* | 93, 102 105 |
| *bei* | 89, 92, 95 |
| *bevor* | 124, 125 |
| *bis (zu/an)* | 90, 102, 124, 125 |
| Case | 62, 67, 88, 117 |
| Case indication | 62, 72 |
| Comparison | 73, 74, 75 |
| Comparatives | 74 |
| Connectors | 124, 131 |
| *da* | 127 |
| *da(r)- (+ Präp.)* | 35 |
| *damit* | 128 |
| *dass* | 37, 114 |
| Dative | 31, 62, 63 |
| *dein* | 69 |
| *der, die, das* | 58, 68 |
| *durch* | 89, 90 |
| *dürfen* | 11, 13, 47 |
| *ein, eine, ein* | 68 |
| *einander* | 30 |
| *entlang* | 91 |
| *etwas* | 82 |
| *euer* | 69 |
| *falls* | 127 |
| Feminine | 58, 59 |
| *für* | 89, 102 |
| Future tenses | 24 |
| Future I | 25 |
| *gegen* | 89, 91, 102, 103 |
| *gegenüber* | 92 |
| Genitive | 61, 62, 63 |
| Gender | 58, 59, 117 |
| *haben* | 8, 9, 10, 19, 20, 47, 48 |
| *hinter* | 89, 94 |
| *ihr* | 69 |
| *Ihr* | 69 |
| Imperatives | 39, 40 |
| *in* | 89, 90, 93, 95, 97, 102, 104 |
| Indefinite pronouns | 80, 82 |
| Indicative | 45, 48 |
| Indirect questions | 115 |
| Infinitives with/without *zu* | 37 |
| *innerhalb* | 93, 102, 105 |
| Interrogative particles | 110, 115 |
| Interrogative pronouns | 81 |
| *je ... desto/umso* | 130 |
| *jemand* | 82 |
| *kein, keine, kein* | 67, 68 |
| *können* | 11, 13, 47 |
| Main clause | 37, 111, 114, 116, 124, 131 |
| *man* | 82 |
| Masculine | 58, 59 |
| *mein* | 67, 69 |
| Middle part (sentences) | 111, 113 |
| *mit* | 89 |
| Mixed verbs | 21 |
| Modal verbs | 11, 22, 37, 47, 48, 50, 51 |
| *mögen* | 12, 13, 47 |

# Index

| | |
|---|---|
| *müssen* | 11, 13, 48 |
| *nach* | 89, 90, 92, 95, 102, 103 |
| *nachdem* | 124, 125 |
| *n*-Declension | 61 |
| *neben* | 89, 94 |
| Neuter | 58, 59 |
| *nichts* | 82 |
| *niemand* | 82 |
| Nominative | 62 |
| Nouns | 79, 89, 112, 116 |
| Number | 67, 117 |
| *ob* | 115 |
| Object | 31, 62, 113 |
| *obwohl* | 128, 131 |
| *ohne* | 89 |
| *ohne ... zu* | 129 |
| Passive | 49, 50 |
| Past participle | 20, 21, 50, 51 |
| Past perfect | 10, 13, 23 |
| Perfect | 10, 13, 19 |
| Personal pronouns | 31, 79 |
| Plurals | 60 |
| Possessive adjectives | 67, 68, 69, 72, 81 |
| Possessive pronouns | 81 |
| Prefixes | 33, 34, 111 |
| Prepositions | 35, 62, 88 ff. |
| Prepositions: changeable | 35, 89, 93, 94 |
| Prepositions of place | 90 |
| Prepositions of time | 102 |
| Present tense | 9, 13, 18, 24 |
| Past simple tense | 10, 13, 22, 24 |
| Pronouns | 79 ff., 88, 113, 117, 120 |
| Questions | 110 |
| Reciprocal | 30, 31 |
| Reflexive | 30, 31 |
| Reflexive pronouns | 20, 30, 31, 32 |
| Relative clauses | 115, 119 |
| Relative pronouns | 117, 118, 119, 120 |
| *sein* | 8, 9, 10, 23, 24, 47, 48 |
| *sein* | 69 |
| *seit* | 89, 102, 104, 124, 125, 131, 142 |
| *seit/seitdem* | 124, 125 |
| *sich* | 30, 31, 32 |
| Singular | 60 |
| *so wie* | 130 |
| *sobald* | 124, 126 |
| *sodass* | 129, 131 |
| *sollen* | 12, 13, 48 |
| *(an)statt ... zu* | 131 |
| Subject | 37, 62, 111, 117, 119, 120 |
| Subjunctive *(Konjunktiv II)* | 9, 12, 13, 37, 45, 46, 47, 48 |
| Subordinate clauses | 114 ff., 124 ff. |
| Subordinate clauses: adversative | 130 |
| Subordinate clauses: causative | 127 |
| Subordinate clauses: conditional | 127 |
| Subordinate clauses: consecutive | 129 |
| Subordinate clauses: concessive | 128 |
| Subordinate clauses: purpose | 128 |
| Subordinate clauses: manner | 130 |
| Subordinate clauses: temporal | 124 |
| Superlatives | 73, 74 |
| Time adverbials | 112 |

# Index

| | |
|---|---|
| *über* | 89, 94, 102, 106 |
| *um* | 89, 91, 102 |
| *um ... zu* | 128, 131 |
| *unser* | 69 |
| *unter* | 34, 35, 89, 94 |
| Verbs: inseparable | 33, 34 |
| Verbs: irregular | 19, 21, 23, 40 |
| Verbs: prepositional | 35, 36, 119, 142 |
| Verbs: regular | 13, 18, 19, 21, 22, 39 |
| Verbs: separable | 33, 34 |
| *von* | 89, 92, 97 |
| *von ... bis* | 103, 104 |
| *von ... an* | 103, 104 |
| *vor* | 89, 94, 103 |
| *während* | 102, 105, 124, 125 |
| *was* | 120 |
| *was für ein-* | 81 |
| *weil* | 114, 127, 131 |
| *welch-* | 81, 82 |
| *wenn* | 124, 127 |
| *werden* | 8, 9, 10, 25, 47, 49, 50, 51 |
| *W*-questions | 115 |
| *wie* | 74 |
| *wo* | 120 |
| *wo(r)-* (+prep.) | 36 |
| *wollen* | 12, 13, 48 |
| Zero article | 70, 72, 95 |
| *zu* | 37, 38 |
| *zu* | 89, 92, 95, 97, 102 |
| *zwischen* | 89, 94, 104 |
| Yes/no-questions | 110, 115 |